あの子の発達障害がわかる本

ちょっとふしぎ

4 吃音・チック・トゥレット症候群のおともだち

藤野 博＝監修

ミネルヴァ書房

はじめに

話したいのに、すらすら話せない。なかなか言葉《ことば》が出てこない。何を言っているのかわからない。わざとじゃないのに不自然《ふしぜん》な動きをくりかえしてしまう。うなり声をあげたり、せきばらいをしたり、ぶつぶつひとりごとを言ったり……。みんながふしぎに思う、あの子の行動は、もしかしたら吃音《きつおん》、早口症、チック、トゥレット症候群《しょうこうぐん》などの特性によるものなのかもしれません。

吃音、早口症、チック、トゥレット症候群の人は、生まれつき脳《のう》のしくみが他のみんなとちがうため、自分《じぶん》の行動をおさえたりコントロールしたりすることができず、学校や毎日の生活で苦労しています。「なんとかしたい」「もう二度と失敗したくない」「みんなに迷惑《めいわく》をかけたくない！」と思って努力《どりょく》していても、自分ではどうすることもできないのです。

小さいころは自分の特性に気づかない人もいますが、成長するにつれ、「おかしいと思われているんじゃないか」「恥《は》ずかしい」「笑われたくない」など、人の目が気になるようになり、中には極端《きょくたん》に内気《うちき》になってしまったり、学校に行くのがつらくなったり、どんどんひきこもりがちになってしまう人もいます。

吃音、早口症、チック、トゥレット症候群の人たちがどんなことに困っているのかを知ってほしくて、この本をつくりました。つらい気持ちを想像しながら、どうすればよいのか、いっしょに解決法《かいけつほう》を考えていけるといいですね。そうすれば、学校やクラスを、みんながもっとすごしやすい場所《ばしょ》にしていくことができるかもしれません。

ぜひ、「あの子に似ているな」「わたしだったらこう思うかも」と、想像力をふくらませながら読んでみてください。

【もくじ】

第1章 なんでこうなるの？ どうすればいい？

第2章　もっと知りたい！　みんなが楽しくすごすために

《この本の構成》

第1章 なんでこうなるの？ どうすればいい？

吃音、早口症、チック、トゥレット症候群の子の行動の理由を知るための章です。
6人のおともだちのふしぎな行動について紹介《しょうかい》しています。

さいしょのページ

みんなが
「ふしぎだな」「なんでそうなるの？」
と、とまどってしまう場面《ばめん》を、
紹介しています。

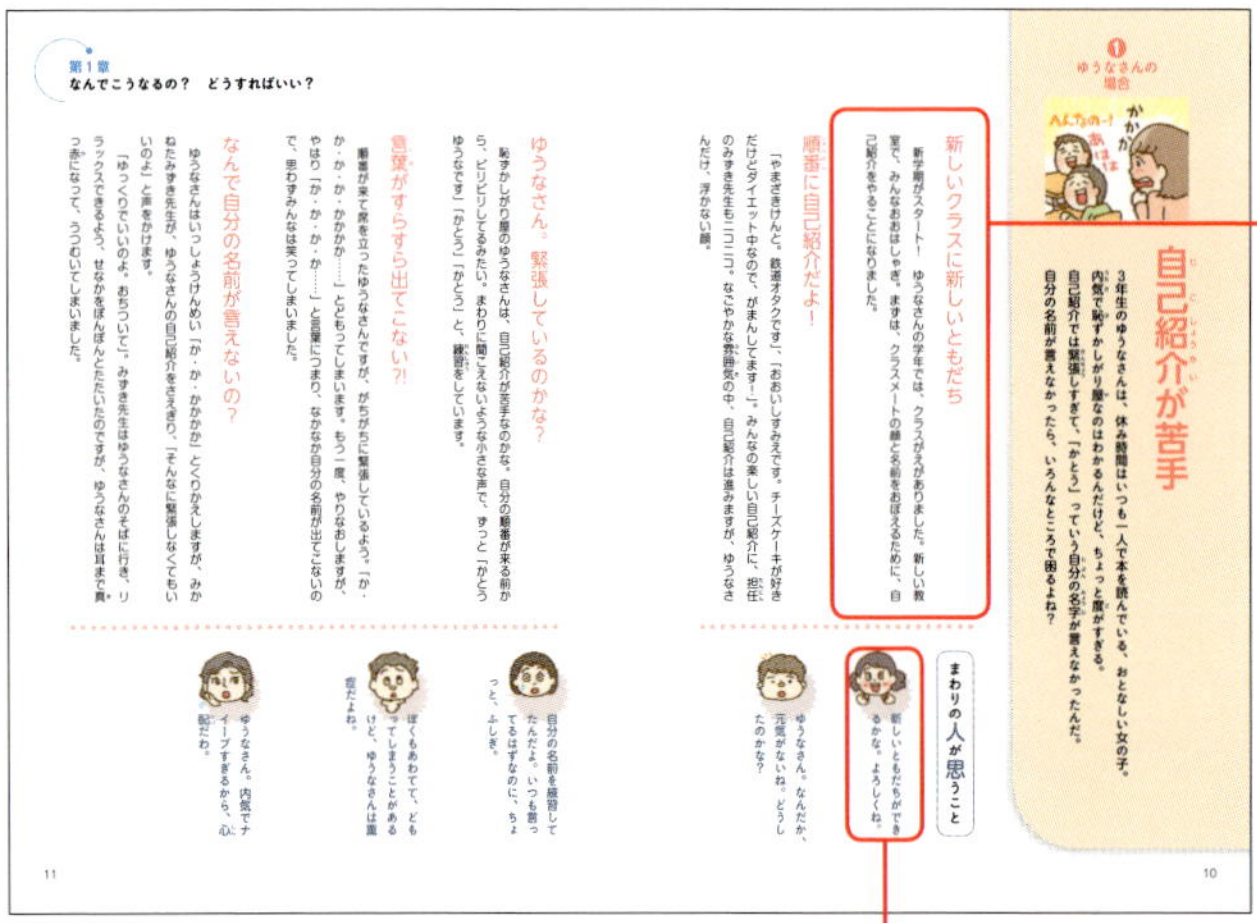

よくあるエピソードを紹介しています。

その場にいた、みんなの感想《かんそう》です。

つぎのページ

どうしてそうなってしまったのか、
吃音、早口症、チック、
トゥレット症候群のおともだちが
どんなふうに感じていたのか、
本人の視点で解説《かいせつ》します。

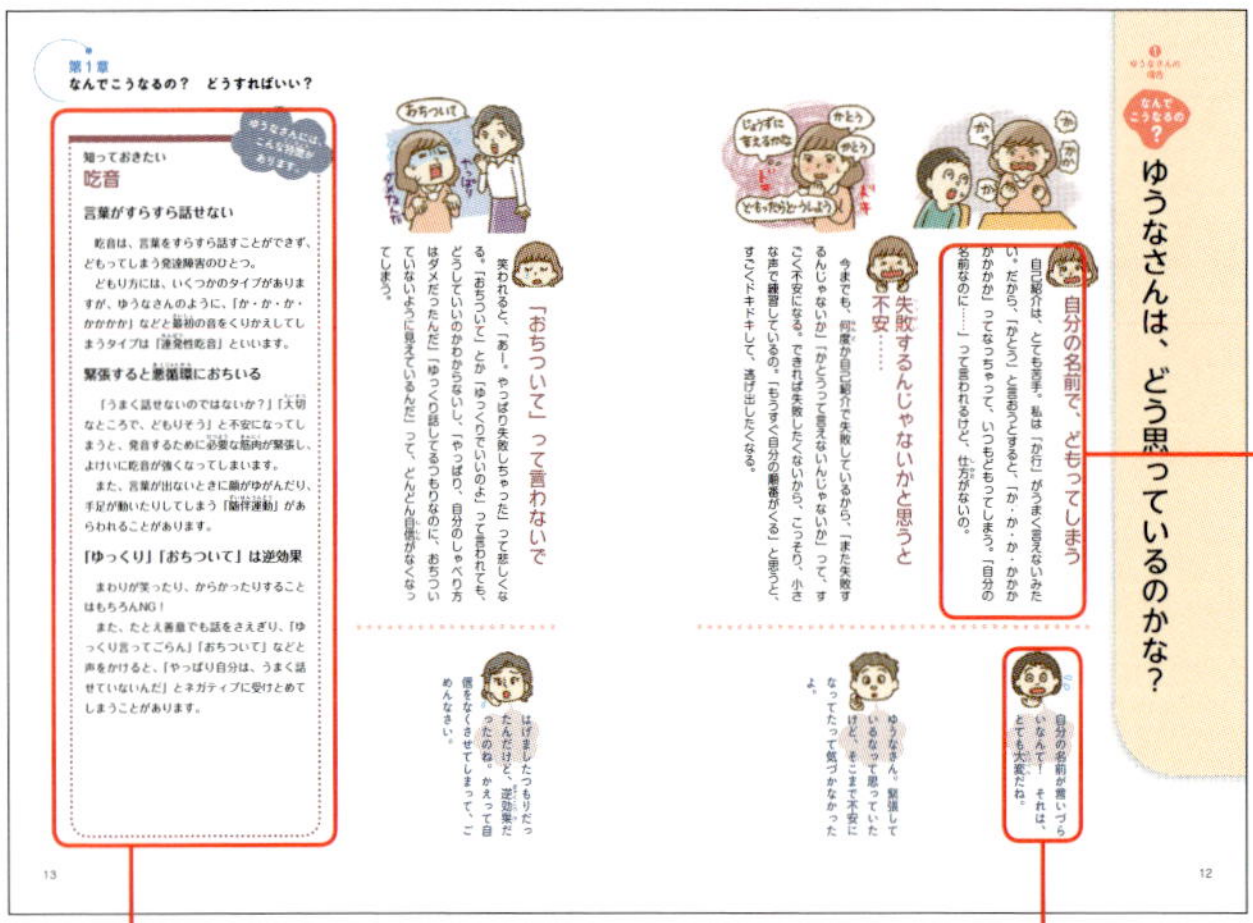

本人の心の声をあらわしています。

エピソードをふりかえりながら、それぞれの特性を解説します。

ふしぎな行動の理由を知って、みんなが感じたことです。

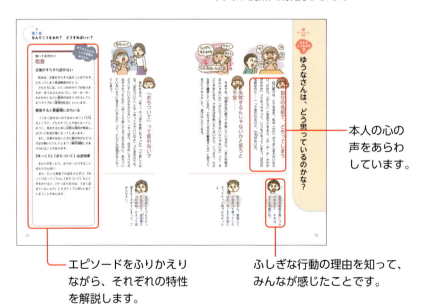

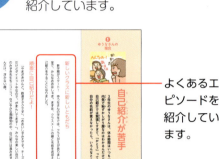

さいごのページ

どうすればうまくいくのか、
どんな工夫《くふう》ができるのかを
考えてみます。

その子の特性をふまえて、うまくいきそうな方法を紹介しています。

その子の感想を言葉《ことば》にあらわしています。

楽しく学校生活を送るために、
とくにおさえておきたい大切な
ポイントをおさらいしています。

第2章

もっと知りたい！みんなが楽しくすごすために

この章では、それぞれの障害について、
さらにくわしく解説しています。

❶と❷では、吃音や早口症はどのような障害なのか特徴《とくちょう》を紹介し、まわりができることをまとめました。

❸と❹では、チックとトゥレット症候群の特徴を紹介し、まわりができることをまとめました。

この本に出てくる おともだち 紹介《しょうかい》

3年生 ゆうなさん

おっとりしていて、
やさしい雰囲気《ふんいき》。でも、
自己紹介《じこしょうかい》や発表《はっぴょう》が苦手。
真《ま》っ赤《か》になって、
泣いてしまうこともある。

5年生 ともやさん

クラスの人気者《にんきもの》で、
文化祭の劇で主役を演じた。
ただ気分《きぶん》のムラがはげしく
ときどきムッツリ、
だまりこむことがある。

4年生 あおいさん

活発《かっぱつ》な転校生。
好きなことは
マシンガントークで
一方的《いっぽうてき》に話し続けるのに、
質問《しつもん》を無視《むし》することがある。

5年生 だいちさん

昆虫《こんちゅう》と恐竜《きょうりゅう》が大好きで、
博士《はかせ》とよばれている。
だけど、鼻を鳴らしたり、
うなったり顔をしかめたり、
変なクセが多い。

6年生 かれんさん

大人びていて神秘的《しんぴてき》。
みんなと遊ぶよりは、
しずかに本を読むのが好き。
ときどきニヤニヤしたり、
ひとりごとを言ったりする。

4年生 えいとさん

元気いっぱいガキ大将タイプ。
授業中《じゅぎょうちゅう》はおちつきがなく、
いつもそわそわ。
下品《げひん》な言葉《ことば》を
くりかえしたりすることも。

第1章
なんでこうなるの？どうすればいい？

吃音、早口症、チック、トゥレット症候群の子どもたちは、
言葉《ことば》がすらすら出てこなかったり、
わざとじゃないのに、何度《なんど》もうなずいてしまったり、
まばたきをしたり、うなり声をあげたり、
自分《じぶん》では、どうすることもできないことで困っています。
本人がどう思っているのか心の声に耳をかたむけ、
どうすれば楽《らく》になるのか、いっしょに考えてみましょう。

1
ゆうなさんの場合

自己紹介《じこしょうかい》が苦手

3年生のゆうなさんは、休み時間はいつも一人で本を読んでいる、おとなしい女の子。内気《うちき》で恥《は》ずかしがり屋《や》なのはわかるんだけど、ちょっと度《ど》がすぎる。自己紹介では緊張《きんちょう》しすぎて、「かとう」っていう自分《じぶん》の名字《みょうじ》が言えなかったんだ。自分の名前が言えなかったら、いろんなところで困るよね？

新しいクラスに新しいともだち

新学期がスタート！　ゆうなさんの学年では、クラスがえがありました。新しい教室で、みんなおおはしゃぎ。まずは、クラスメートの顔と名前をおぼえるために、自己紹介をやることになりました。

順番《じゅんばん》に自己紹介だよ！

「やまざきけんと。鉄道オタクです」、「おおいしすみえです。チーズケーキが好きだけどダイエット中なので、がまんしてます！」。みんなの楽しい自己紹介に、担任《たんにん》のみずき先生もニコニコ。なごやかな雰囲気《ふんいき》の中、自己紹介は進みますが、ゆうなさんだけ、浮かない顔。

まわりの人が思うこと

新しいともだちができるかな。よろしくね。

ゆうなさん。なんだか、元気がないね。どうしたのかな？

ゆうなさん。緊張しているのかな？

恥ずかしがり屋のゆうなさんは、自己紹介が苦手なのかな。自分の順番が来る前から、ピリピリしてるみたい。まわりに聞こえないような小さな声で、ずっと「かとうゆうなです」「かとう」「かとう」と、練習《れんしゅう》をしています。

言葉《ことば》がすらすら出てこない?!

順番が来て席を立ったゆうなさんですが、がちがちに緊張しているよう。「か・か・か・かかかか……」とどもってしまいます。もう一度、やりなおしますが、やはり「か・か・か・か……」と言葉につまり、なかなか自分の名前が出てこないので、思わずみんなは笑ってしまいました。

なんで自分の名前が言えないの？

ゆうなさんはいっしょうけんめい「か・か・かかかか」とくりかえしますが、みかねたみずき先生が、ゆうなさんの自己紹介をさえぎり、「そんなに緊張しなくてもいいのよ」と声をかけます。

「ゆっくりでいいのよ。おちついて」。みずき先生はゆうなさんのそばに行き、リラックスできるよう、せなかをぽんぽんとたたいたのですが、ゆうなさんは耳まで真《ま》っ赤《か》になって、うつむいてしまいました。

自分の名前を練習してたんだよ。いつも言ってるはずなのに、ちょっと、ふしぎ。

ぼくもあわてて、どもってしまうことがあるけど、ゆうなさんは重症だよね。

ゆうなさん。内気でナイーブすぎるから、心《しん》配《ばい》だわ。

なんでこうなるの？

ゆうなさんは、どう思っているのかな？

自分の名前で、どもってしまう

自己紹介は、とても苦手。私は「か行」がうまく言えないみたい。だから、「かとう」と言おうとすると、「か・か・か・かかかかかかか」ってなっちゃって、いつもどもってしまう。「自分の名前なのに……」って言われるけど、仕方《しかた》がないの。

失敗《しっぱい》するんじゃないかと思うと不安……

今までも、何度《なんど》か自己紹介で失敗しているから、「また失敗するんじゃないか」「かとうって言えないんじゃないか」って、すごく不安になる。できれば失敗したくないから、こっそり、小さな声で練習しているの。「もうすぐ自分の順番がくる」と思うと、すごくドキドキして、逃げ出したくなる。

自分の名前が言いづらいなんて！　それは、とても大変《たいへん》だね。

ゆうなさん。緊張しているなって思っていたけど、そこまで不安になってたって気づかなかったよ。

ゆうなさんには、こんな特徴《とくちょう》があります。

知っておきたい
吃音

言葉がすらすら話せない

吃音は、言葉をすらすら話すことができず、どもってしまう発達障害のひとつ。

どもり方には、いくつかのタイプがありますが、ゆうなさんのように、「か・か・か・かかかか」などと最初《さいしょ》の音をくりかえしてしまうタイプは「連発《れんぱつ》性吃音」といいます。

緊張すると悪循環《あくじゅんかん》におちいる

「うまく話せないのではないか？」「大切《たいせつ》なところで、どもりそう」と不安になってしまうと、発音するために必要《ひつよう》な筋肉《きんにく》が緊張し、よけいに吃音が強くなってしまいます。

また、言葉が出ないときに顔がゆがんだり、手足が動いたりしてしまう「随伴運動《ずいはんうんどう》」があらわれることがあります。

「ゆっくり」「おちついて」は逆効果

まわりが笑ったり、からかったりすることはもちろんNG！

また、たとえ善意でも話をさえぎり、「ゆっくり言ってごらん」「おちついて」などと声をかけると、「やっぱり自分は、うまく話せていないんだ」とネガティブに受けとめてしまうことがあります。

「おちついて」って言わないで

笑われると、「あー。やっぱり失敗しちゃった」って悲しくなる。「おちついて」とか「ゆっくりでいいのよ」って言われても、どうしていいのかわからないし、「やっぱり、自分のしゃべり方はダメだったんだ」「ゆっくり話してるつもりなのに、おちついていないように見えているんだ」って、どんどん自信《じしん》がなくなってしまう。

はげましたつもりだったんだけど、逆効果《ぎゃくこうか》だったのね。かえって自信をなくさせてしまって、ごめんなさい。

❶ ゆうなさんの場合

こうすれば、うまくいきそう!

1 本人と相談し、クラスで共有する

きつおんについて

吃音のことをクラス全体で共有したほうがいいのか、先生のほうから、本人、保護者と相談しました。ゆうなさんは笑われたり、まねをされたりすることで悩んでいたので、クラスのみんなに吃音について説明《せつめい》することにしました。

「か・か・か……ってなっても、これがゆうなさんのしゃべり方なんだよ」って、先生に説明してもらえて、うれしかった。

2 自己紹介の順番を相談する

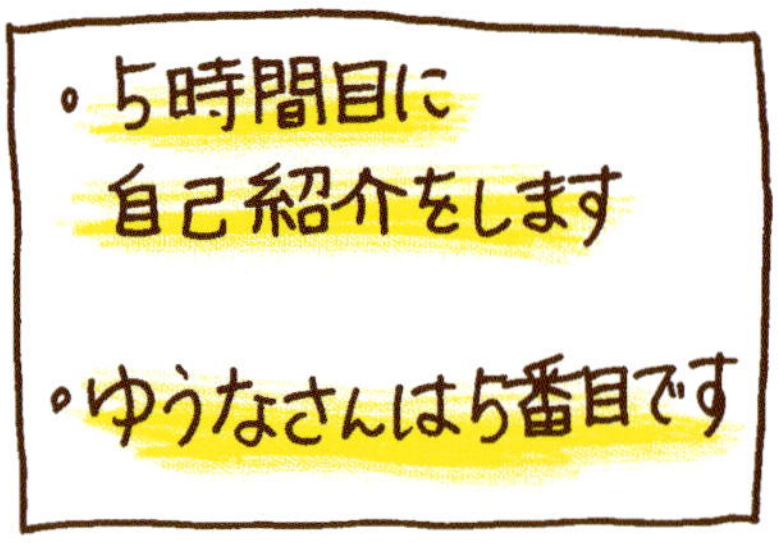

・5時間目に自己紹介をします
・ゆうなさんは5番目です

ゆうなさんは、予告《よこく》なく、いきなり「自己紹介をしましょう」と言われるとパニックになり、よけいに緊張してしまうようです。できるだけ事前《じぜん》に「5時間目に、自己紹介をするよ」と予告しておくことにしました。

予告があれば、何を話すか事前に考えておけるし、どもりにくい言葉を選べるから、安心《あんしん》できるの。

CHECK POINT

どもっても大丈夫《だいじょうぶ》と思えれば、緊張感がやわらいでいく

自己紹介でどもってしまう子の場合、どんどん苦手意識《いしき》が強くなり、緊張や不安が高くなる悪循環におちいりがちです。まずは、本人からプレッシャーをとりのぞくかかわり方を意識しましょう。

❶本人がいっしょうけんめい話しているときに、言葉を待たずに、さえぎったり、助《たす》け舟《ぶね》を出したりしていないか。

❷吃音が出たとき、「もっとゆっくり話したほうがいいよ」「おちついて」など、本人が「失敗したんだ」とネガティブに受けとめるような、声かけをしていないか。

❸まわりが笑ったり、からかったりせず、ゆっくり発言を待てる雰囲気になっているか。

❹本人と相談したうえで、吃音のことをクラスメートなどにわかってもらう、取り組みができているか。

3 言葉が出てくるのを待つ

ゆうなさんが、いっしょうけんめいに話そうと努力《どりょく》しているときには、話をさえぎらず、言葉が出てくるのをゆっくり待つことにしました。

みんなが待ってくれるってわかったら、うまく話せなくても、焦《あせ》らず、ゆっくり話せるようになってきたよ。

2 ゆうなさんの場合

音読でつまってしまう

おとなしくて、人前で話すことが少ないゆうなさんだけど、みんなの前で教科書《きょうかしょ》を読んだり、発表《はっぴょう》したりするのも苦手なのかな？国語の時間、宿題《しゅくだい》で出ていた音読でつまっちゃって、真《ま》っ赤《か》になって泣いちゃったよ。泣くほどのことでもないと思うんだけど、そんなにつらいのかなぁ？

ゆうなさん。朝から元気がないみたい……

５時間目の国語の時間。「宿題だった『泣きむし妖怪《ようかい》ドンドコ』を、みんなで読みましょう」って、みずき先生が言いました。みんなはいっせいに教科書を開きます。朝から元気がないゆうなさんも、教科書を開いてスタンバイ。「じゅんやさんから順《じゅん》番《ばん》に、先生がハイっていうところまで読んでください。気持ちをこめて読んでね」。

宿題で練習《れんしゅう》してきたから、簡単《かんたん》だよね！

「むか～し、むかし。そのむかし。まだヤマトの国に、ニンゲンも妖怪もいっしょに仲良く暮らしていたころのお話です」「ハイ！」「緑の谷に、ドンドコという心やさしい妖怪が住んでいました」「ハイ！」。みんな、すらすら読んでいきます。

まわりの人が思うこと

ゆうなさん。朝からソワソワしてて、元気がないんだよね。

順番に読んでいくと、どこがあたるかわからないから少しドキドキするね。

ゆうなさん。みんなが読んでるの聞いてた？

ゆうなさんの順番がまわってきました。けれども、どこを読むのかわからないのでしょうか。教科書を持ったまま、ぼうぜんと立ちつくしています。となりの席のつばきさんが心配《しんぱい》して、「31ページの5行目だよ」と教えます。けれども、ゆうなさんは真っ赤になって、目をぱちぱちさせているだけ。

口をパクパクさせてるけど、声が出ない?!

つばきさんが、「ドンドコは、おどろきました……のところだよ」と教科書を指さしますが、ゆうなさんは口をパクパクさせているだけで、いっこうに読むことができません。そのうち、涙がぽろぽろ。しくしく泣き出してしまいました。

みずき先生も「どうしたの？　宿題を忘れちゃったのかな?」と困り顔。「泣かなくてもいいのよ……。じゃあ、次。けんとさん読んで!」と、何も答えることができず泣きじゃくるだけのゆうなさんを飛ばしてしまいました。

泣くほどのことでもないと思うけど……

そういえばゆうなさんは、めったに人前で話をしません。手をあげて質問《しつもん》に答えることもないし、学級会で発言したり、行事で発表したりしているのも、あまり見たことがありません。思わず泣いてしまうくらい、人前で話すことが苦手なのでしょうか。

ゆうなさん。教科書はしっかり目で追えていたのに、自分の番で頭が真《ま》っ白《しろ》になっちゃったのかな。

ゆうなさんは緊張していたのかしら。私は気にしてないのに、泣いてしまうからとまどってしまったわ。

あんまり話したことがないからわからないけど、めちゃくちゃ恥《は》ずかしがり屋《や》さんなのかなぁ。

2 ゆうなさんの場合

なんでこうなるの？

ゆうなさんは、どう思っているのかな

みんなの前で読むのは、とても苦手

家では、人一倍《ひといちばい》、何度《なんど》も読む練習をしているの。みんなの前で読むのはプレッシャーだし、「もし、苦手なところがあたってしまったら、どうしよう」とか、あれこれ考えていると、学校に行くのもいやになる。音読のことが心配で、ほかの授業《じゅぎょう》の間《あいだ》もそのことばっかり考えちゃって、朝からずっとドキドキしていたの。

苦手な音があたるんじゃないかと心配

自分があたるところの言いはじめの音が、苦手な音だと、ほんと最悪《さいあく》。「どもったらどうしよう」って想像したら、心臓《しんぞう》がバクバクしてきて、フリーズしちゃったのかな。読もうとしたけど、声が出なかった……。

顔色が悪いし、元気がないなぁって気になってたけど、そんなに音読のことが不安だったんだ！

みんなドキドキしてたけど、ゆうなちゃんは「苦手なところがあたったらどうしよう」ってことも心配していたんだね。

ゆうなさんには、こんな特徴《とくちょう》があります。

知っておきたい
吃音

はじめの音がなかなか出てこない

話そうとしてもはじめの音がなかなか出てこない症状《しょうじょう》を「難発《なんぱつ》（ブロック）」といいます。どもることを恐れてタイミングを合わせようと、のどに必要《ひつよう》以上の力を入れてしまっている状態です。のどの筋肉《きんにく》が緊張《きんちょう》して、声が出なくなってしまいます。

不自然《ふしぜん》な動きをしてしまう場合《ばあい》がある

話せないと、無理やり言葉《ことば》を出そうとすることで、口をパクパクさせる、顔をしかめる、頭や手足を不自然に動かすなどの「随伴運《ずいはんうん》動《どう》」が起こることがあります。

どうして声が出ないのか自覚《じかく》できない

大人になるにつれ自分の吃音の状態がわかるようになっていきますが、子どものころはどうして声が出ないのか、話せないのかが自覚できません。本人もどうしていいのかわからないため、パニックになってしまったり、泣いてしまったりすることがあります。

読もうとしても、声が出ない

つばきさんが「31ページの5行目だよ」って教えてくれたけど、どこを読めばいいかわからないわけじゃないの。読もうとしているのに、なぜか声が出てこない。どうしたらいいのかパニック状《じょう》態《たい》になって、気がついたら、泣いてしまったの。

本当に、声が出なかったのね。そういうことがあるなんて、知らなかったわ。気づいていなくて、ごめんなさい。

こうすれば、うまくいきそう！

1 どうしたらいいのか、相談する

吃音の当事者の中には、「音読を飛ばしてほしかった」という人もいれば、「自分だけ飛ばされて悲しかった」という人もいます。声が出ないときも、出るまで「待ってほしい」という人もいれば、「飛ばしていい」という人もいます。ゆうなさんの場合は、どうしてもらうと楽《らく》になれるのか、先生と相談することにしました。

自信《じしん》がなくて読みたくないときもあるけど、先生と相談しながら自信をつけて、少しずつ参加《さんか》していきたいな。

2 どこを読んでもらうか、事前《じぜん》に知らせる

ゆうなさんが音読に参加するときには、どこを読んでもらうのかを事前に教えておくことにしました。自信をもって参加できるように、ゆうなさんが苦手な言葉ではじまる文章は避《さ》け、できるだけスムーズに読める文章を選びました。

あたるところがわかっていたら、そこだけ何度も練習すればいいから、ハードルが低くなったよ。

CHECK POINT

できるだけストレスをなくし、本人のペースで参加してもらう

子どもは成長とともに吃音を意識《いしき》するようになり、「どもりたくない」という緊張が高まることで難発がおきやすくなります。できるだけプレッシャーを軽くし、悪循環《あくじゅんかん》をつくらないようにサポートしましょう。

❶「早く読んで」「練習してこなかったの？」「聞いていなかったの？」などと注意《ちゅうい》し、しかっていないか。

❷本人がいっしょうけんめい声を出そうとしていることを無視《むし》して、飛ばしたりしていないか。

❸いきなり指名《しめい》するなど、緊張が高まるような方法をとっていないか。

❹どうすればいいのか、本人の気持ちを確認《かくにん》しているか。

❺困ったときや、うまくいかなかったときの方法や、サイン について話し合っているか。

3
困ったときのサインを決める

万《まん》が一《いち》、言葉が出なかったり、うまくいかなかったりしたときのために、SOSのサインを決めました。サインが出たときは、無理《むり》強《じ》いせずに次の人に進みます。ゆうなさんがサインを出さない場合は、言葉が出るまでゆっくり待つことにしました。

今でもドキドキしてるけど、もし失敗《しっぱい》しちゃったとしても、サインがあるから、大丈夫《だいじょうぶ》だと思う。

3 ともやさんの場合

すらすら答えが出てこない

5年生のともやさんは、元気いっぱいで、明るく楽しいムードメーカー。文化祭では、ミュージカルの主役をつとめ、ヒーロー役を熱演《ねつえん》。拍手喝采《はくしゅかっさい》で、めちゃくちゃもりあがったんだけど、最後《さいご》のあいさつでかんじゃった。みんなは笑っていたけど、本人は、すごく気にしているみたい。

ともやさんが、ヒーロー役！

2学期がはじまり、もうすぐ、みんなが楽しみにしている文化祭。ともやさんのクラスは、『かいけつズルズル』のミュージカルをやることになりました。役を決めるクラス会で、ともやさんは「ぼく、やるよ！」と主役のズルズル役に立候補《りっこうほ》！

練習《れんしゅう》は大変《たいへん》だけど、はりきっているよ

「アクションと歌はまかせておいて！」と、やる気まんまん。「セリフがいっぱいあって大変だけど、がんばります！」とはりきっています。これから1か月、放課後《ほうかご》にのこって、練習の日々です。

まわりの人が思うこと

主役に立候補する人がだれもいなくて困ったなぁと思っていたから、ともやが手をあげてくれて助かったよ。

たくさんセリフがあって大変そう。ともやさん、がんばって！

歌も踊りもセリフもばっちりだよ

ともやさんは熱心《ねっしん》に練習に参加《さんか》。たくさんあるセリフも、家でおぼえてきたのかな？　だれよりも早く台本なしで、すらすら言えるようになっていました。先生からも「将来《しょうらい》は、ミュージカル俳優《はいゆう》かな？」なんて言われて、まんざらでもない様子《ようす》です。

ともやさんの熱演で、大成功！

そして、本番当日。ともやさんは絶好調《ぜっこうちょう》！　いちだんと派手《はで》なアクションで立ちまわったり、アドリブを入れみんなを笑わせたり、大活躍《だいかつやく》。会場は笑いと拍手につつまれ、エンディングではスタンディングオベーション。ミュージカルは大成功でした！

とつぜんマイクをむけられてフリーズ！

ところがカーテンコールの場面《ばめん》で、事件はおこりました。

なりやまない拍手にこたえて、ステージに並んだ出演者にインタビューすることになったのです。司会の先生から「感想《かんそう》をひとこと！」と、マイクをむけられたともやさん。さっきまで元気いっぱいだったのに、なぜかフリーズ！　「あーっ……」と声にならない声を発したあと、無言のまま立ちつくしています。会場はざわざわ。先生が「ともやは、燃えつきたみたいです」とフォローし、みんなは爆笑《ばくしょう》。そのまま幕がおりたのですが、ともやさんはどうしちゃったんだろう？

セリフをおぼえるのも早いし、歌もじょうずだし、感心するよ。

ともやさんって、おもしろいし、本番にも強いよね。緊張《きんちょう》しないのかなぁ？

マイクをむけたら、なんにも話してくれないから、こっちも焦《あせ》ったよ。インタビューされるのは苦手だったのかな？

3 ともやさんの場合

なんでこうなるの？

ともやさんは、どう思っているのかな？

ふだんは吃音を隠《かく》す工夫《くふう》をしている

小さいころに気づいたんだけど、実《じつ》は、すらすら話すのが苦手なんだ。「ともやは話し方が変だよな」ってともだちから言われたこともある。だから、ふだんはみんなにわからないように、どもりそうな言葉《ことば》をちがう言葉に言いかえたり、「えっと……」って前置きして時間をかせいだり、工夫して切り抜けてきたんだ。

劇のセリフや歌を歌うときはどもらない

自分でもふしぎなんだけど、劇のセリフを言ったり、教科書《きょうかしょ》を読んだり、歌を歌ったり、そういう場面ではどもらないんだ。セリフをおぼえるのも得意《とくい》！　それに、目立つの大好きだから、ついつい前に出ちゃうんだよね。結果を考えずに行動して、「失敗《しっぱい》した！」って後悔《こうかい》するときもある。

ふだんから、ともやがそんな努力をしていたなんて、まったく気づいていなかったよ。

ともやさん、目立ちたがり屋だから、放送部で活躍していたこともあるものね。そんな悩みを抱えていたなんて、すごく意《い》外《がい》！

ともやさんには、こんな特徴《とくちょう》があります。

知っておきたい
吃音

おしゃべりで積極的《せっきょくてき》なタイプもいる

吃音というと、①②で紹介《しょうかい》したゆうなさんのように、おとなしくて恥《は》ずかしがり屋《や》さんのイメージがあるかもしれませんが、元気いっぱいで、おしゃべりで、活発《かっぱつ》なともやさんのようなタイプの子もいます。

気づかれないように、工夫をしている

本人が「どもると恥ずかしい」と思っている場合《ばあい》、まわりに気づかれないよう、人知れず努力《どりょく》をしていることがあります。

たとえば「お弁当」を「弁当」、「ありがとう」を「サンキュー」などというように、どもりにくい言葉に言いかえたり、質問されたら「えっとー」「うん。うん」などと前置きしてから話したり、自分なりにさまざまな工夫をしています。

決まった言葉を言う場合は、大丈夫《だいじょうぶ》

人それぞれなので一概《いちがい》には言えませんが、ともやさんのように、教科書を読んだり、台本をおぼえたり、決められた言葉を言うときには吃音が出ないという子もいます。

また、歌を歌うときにはどもらないので、合唱や演劇などが好きで、活躍している子も少なくありません。

「おちついて」って言わないで

今回みたいに、とつぜんマイクをむけられたり、急に質問《しつもん》されたりすると、どもってしまう確率《かくりつ》が高い。「ありがとう！」って言おうとしたのに言葉が出てこなくて、めちゃくちゃ焦った！　先生が助けてくれたんだけど、本当は、もう少し待ってほしかったな……。最後の最後で失敗しちゃって、あとからすごく落ちこんだよ。

いきなりマイクをむけて、悪いことしちゃったな。気づいてなくて、ごめんな。

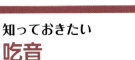

❸ ともやさんの場合

こうすれば、うまくいきそう！

1 ともやさんの悩みを共有する

ともやさんは自分に吃音があることを自覚《じかく》していましたが、まわりに隠していて、一人で悩んでいました。まずは先生から「何か、できることはあるかな？」と声をかけ、ともやさんが今までどんなときにつらかったのか、どうしてほしいのか話を聞きました。

うまくいかないことがあった日は、一人でへこんで、悩んでいたから、先生に話せてホッとした。

2 苦手なことよりも、得意な場面を増やす

「急に質問されると、どもることが多い」ということだったので、授業中《じゅぎょうちゅう》もともやさんが手をあげたとき以外は、急に指名《しめい》しない約《やく》束《そく》にしました。また「セリフをおぼえたり、教科書を読むのは得意」というともやさんが活躍できる場面を増やしました。

今まで、授業中は「急に質問されたらどうしよう」ってビクビクしていたんだ。先生に約束してもらえて、安心《あんしん》したよ。

CHECK POINT

まずは吃音で悩んでいることに、まわりが気づくことから

ともやさんのように、活発でおしゃべりなタイプでも、実は吃音があり、人知れず悩んでいることがあります。まずはまわりの大人が悩みに気づき、協力《きょうりょく》できることを相談しましょう。

❶すらすら話せなかったときや、うまくいかなかったとき、一人で落ちこんだり、悩んだりしていないか。

❷「話せているんだから大丈夫」「たいしたことではない」など、本人の気持ちを考えずに、はげましていないか。

❸どんな場面がつらいのか、本人の苦手なことを、まわりがわかってあげられているか。

❹得意な場面で、自信《じしん》をつけることができているか。

3
言葉が出ないとき、かわりに話したりしない

ともやさんを助けようとして、かわりに話してしまうと、ともやさんは「自分が言いたいことが言えなかった」「失敗してしまった」と思い、よけいに落ちこんでしまうようです。そんな場面では、ともやさんのペースで話せるよう、待つことにしました。

言いたいことが言えないと、イライラして、あとで落ちこんでいたんだ。時間をもらえれば、落ちついて話すことができるみたい。

4
ともやさんの場合

あいさつやお礼を言わない

いつもみんなを笑わせてくれる、明るくて楽しいともやさんだったのに、最近《さいきん》、どうも様子《ようす》がおかしい……。人が変わったようにだまりこんだり、朝、「おはよう！」って声をかけてもムシして、逃げるように通り過ぎたり……。あいさつくらい、してくれてもいいんじゃないのかなあ？

1時間目は漢字《かんじ》のテストだよ

今日の1時間目は漢字のテスト！　先生がプリントを配り、「今から30分で、問題を解いてね。そのあと、答え合わせをします」と説明《せつめい》。「じゃあ。はじめ！」。先生のかけ声で、みんなはいっせいに机にむかい、問題を解きはじめます。

ともやさん。忘れものをしたのかな？

しーんとしずまりかえる教室で、ともやさんは何やらガサガサ……、机《つくえ》の中を探しています。どうやら、ともやさんは筆箱《ふでばこ》を忘れてきたみたい。ともやさんの様子に気づいたとなりの席のあやかさんが、そっとえんぴつを差し出します。

まわりの人が思うこと

みんなしっかり、できているかな？

えんぴつがないとテストが受けられないよね。遠慮《えんりょ》しないで、貸してって、言ってくれたらいいのに。

なんでこうなるの？　どうすればいい？

えんぴつを貸してあげたのに……

あやかさんのおかげで、ともやさんも無事にテストを受けることができました。けれども、国語の時間が終わり休み時間になっても、ともやさんはあやかさんに「ありがとう」のひとことも言わないのです。しかも、えんぴつは借りたまんま。

「ありがとう」くらい言えばいいのに

6時間目が終わり、下校の時間。あやかさんは自分の机の上に、ともやさんに貸したえんぴつが置いてあるのに気がつきました。ともやさんは、すでに下校したあと。
「返してくれるのなら、ひとこと声をかけてくれればいいのになぁ……」。ちょっぴりあやかさんは、不満そう。

「おはよう」のあいさつもできない！

そういえば、ともやさんは今回だけじゃなく、最近、人に対して失礼な行動が多いのです。
毎朝、通学路にいる交通指導員さんや校門のところに立っている先生が「おはよう！」と、一人ひとりに声をかけるのですが、ともやさんは返事もせずに顔をそむけ、逃げるように足早に通り過ぎます。しかも、クラスメートが「おはよう！」って声をかけても、知らん顔……。あいさつする気がないんでしょうか。

わたしのえんぴつを返してくれないし、「ありがとう」も言ってくれないの……。

だまって机の上に置いていくなんて、なんだか感じ悪いなぁ……。

声をかけても、あいさつしてくれないんだよ。失礼しちゃうよね！

④ ともやさんの場合

なんでこうなるの？

ともやさんは、どう思っているのかな？

人前で話すのがこわい

この間《あいだ》、みんなの前でどもって失敗《しっぱい》してから、人前で話すのがこわい。最近、「今日は、調子が悪い」「どもりそうだな」って思ったら、できるだけ人前で話さないようにしてるんだ。あやかさんにも「ありがとう」って伝えたかったけど、話そうとしてもすぐには声が出ないことがあるし、タイミングがつかめなかった。

「ありがとう」「おはよう」は、すらすら言えない

ぼくは、「あ行」が苦手。あいさつしようとすると最初《さいしょ》の音がなかなか出てこなくて、「あーーーりがとう」「おーーーーはよう」みたいに変なしゃべり方になってしまう。朝から失敗《しっぱい》するのもいやだから、朝のあいさつは知らんぷりすることに決めた。できるだけ人に会わないように、道を変えたり、遅い時間に登校《とうこう》したりしてる。

話したい言葉《ことば》が、なかなか出てこないって、どんな感じだろう。きっと、つらいよね。「感じ悪い」なんて思って、ごめんね。

1年生のときからいっしょだから、ぼくは気にしてなかったけど、ともやさんは気になっていたんだね。

ともやさんには、こんな特徴《とくちょう》があります。

知っておきたい
吃音

あいさつに苦手意識《いしき》が強い

「ありがとう」「おはよう」など、日常的《にちじょうてき》によく使うあいさつに苦手意識をもつ人も多いようです。ひんぱんに使う言葉なので、「うまくいかないんじゃないか」と不安に思うと、よけいに言葉につまってしまいます。

まわりの反応を気にしてしまう

吃音をからかわれたり、笑われたりすることが重なると、本人は「うまく話せない」「恥《は》ずかしい」と悩みはじめます。個人差がありますが小学校の中・高学年で、まわりの反応を気にするようになる人が多いようです。

はげましが逆効果《ぎゃくこうか》になることがある

「どもらずに言えて、よかったね」「最近、どもってないから大丈夫だよ」などのはげましは、吃音があることを否定《ひてい》することになり、逆効果になる場合《ばあい》があります。

話すことを避《さ》けるようになる

「どもったらどうしよう」など不安が強くなると、話すことを避けるようになります。今まで明るかった子や、おしゃべりだった子が、人が変わったように急に無口《むくち》になることはめずらしいことではありません。思春期・青年期に社交不安障害（SAD）を合併《がっぺい》する人は半数近いともいわれています。

まわりの反応が、すごく気になる

ぼくは5歳ごろからどもりはじめたんだ。そのころ、「話し方がおかしい」とからかわれたり、くすくす笑われたりして、傷ついたことをおぼえている。言葉がうまく出てこないと、みんなからどう思われているのか、めちゃくちゃ気になる。お母さんから「最近は、吃音が出てないから大丈夫」って言われて、やっぱり心配されてたんだってショックだった。だから先生に、「元気ないね？」「何かあったの？」と聞かれるのも気が重たい。

ともやが元気ないと心配だけど、まわりの大人が気にしすぎるのもプレッシャーなんだね。

④ ともやさんの場合《ばあい》

こうすれば、うまくいきそう！

1 「吃音＝ダメ」ではないことを伝える

ともやさんは「うまく話せないとダメ」と悩んでいます。なので、元総理大臣や作家、アナウンサーなどにも吃音の人がたくさんいることを知ってもらい、自分はダメなどと否定する必要はないことを伝えました。また、吃音とうまくつきあうヒントを見つけるために、仲間同士のグループを紹介《しょうかい》しました。

どもるのはぼくだけじゃないってわかったし、同じ悩みをもつともだちや先輩《せんぱい》たちとも知り合えて、安心《あんしん》できた。

2 感謝の気持ちを伝える工夫《くふう》を考える

大切《たいせつ》なのは、「ありがとう」という感謝の気持ちを伝えることです。そのためには、えんぴつを渡すときには「ありがとう」と書いたメモをそえるなど、気持ちを伝える工夫を、いっしょに考えました。「おはよう」のあいさつも同じです。言葉が出なくても、ニッコリしたり、おじぎをするだけで、相手に誠意《せいい》を伝えられることを教えました。

「おはよう」が面倒で逃げていたけど、これからは、おじぎをすることにしたよ。交通指導員のおじさんが「今日も一日がんばってね」って声をかけてくれた！

CHECK POINT

びくびくしないで、自分に自信《じしん》をもてるように

吃音があることを必要以上にネガティブにとらえたり、悩みを抱えこんだりしてしまわないためには、まわりの大人やともだちの理《り》解《かい》と、かかわり方が重要です。

❶本人が「自分の話し方は変だ」「カッコ悪い」などと考え、自信をなくしていないか。

❷急に無口になったり、だまりこんだり、話すことを回避《かいひ》する傾向《けいこう》がないか。

❸まわりの人が「吃音＝ダメなこと・困ったことだ」という価値観《かちかん》をもっていないか。

❹「吃音がある自分はダメ」などと否定する必要はないことを、伝えられているか。

❺吃音を気にせずに、リラックスして話ができるともだちや仲間がもてているか。

❻言葉が出ないときには、メモ、ノートなどの手段を活用できているか。

3 親友には、吃音の悩みをうちあける

ともやさんにとって大切《たいせつ》なのは、すらすら話すことよりも、「楽《らく》」に話すことです。リラックスして、ありのままの自分でいられる時間をつくるために、どうしたらいいのか先生と相談しました。胸のつかえをおろすために、ともやさんは、親友のけんたさんには、悩みをうちあけることにしました。

親友のけんたから、「すらすら話せなくても、いつも全力でがんばるともやが、かっこいいと思っているよ」って言ってもらえて、うれしかったなぁ！

5
あおいさんの場合

早口すぎて話がわからない

4年2組に転校してきたあおいさんは、ちょっとふしぎな子。すっごいせっかちで、とっても早口。話し方もユニークだから、話がよく聞き取れない。本人は自覚《じかく》がないみたいなんだけど、何度《なんど》聞きなおしても、わからないことがある。もう少し、おちついて話してくれたらいいんだけど……。

自己紹介《じこしょうかい》で、名前が聞き取れない……

熊本から転校してきたあおいさんは、明るく元気いっぱいの女の子。初登校《はつとうこう》の日、みんなの前で自己紹介をすることになりました。あおいさんは、大きな声で「さらば……いです。よー……ます」と、自分の名前を言うのですが、早口すぎてよく聞き取れません……。

早口すぎて、話についていけない……

「もう一回!」「わかりませーん!」「なんて言ったの?」。みんなはあおいさんの名前がわからなかったようです。「じゃあ、あおいさん、もう一度」先生にうながされて、もう一度、自己紹介。「えーーーっ。さらいっす。あーっ、よー……ます!」。

まわりの人が思うこと

元気いっぱいなんだけど、すっごい早口でちょっと変わった話し方をするよね。

あおいさん。緊張《きんちょう》しているのかな? それとも、せっかちなのかしら。

あまりの早口に、みんなはポカーン

やっぱりよく聞き取れないのですが、本人はニコニコ。みかねた先生が、「桜庭《さくらば》葵《あおい》」と黒板に書きます。どうやらあおいさんは「さくらばあおいです。よろしくおねがいします」と言っていたようなのですが、みんなには「さらいっす。よーます」としか聞こえていませんでした。

おしゃべりしたいけど、わからない……

休み時間になり、転校生に興《きょう》味《み》津々《しんしん》のおともだちが、あおいさんのまわりをとりかこみます。「どこの学校から来たの?」「うちはどこ?」「何して遊ぶのが好き?」などなど、みんなはあおいさんを質問《しつもん》ぜめ。明るいあおいさんはおしゃべりが好きらしく、「わたしは、は、えー。く……と、その、そのや……ほう。えー。あ……」と、ぺらぺら答えてくれるのですが、やっぱり何を言っているのか聞き取れません。

リズムも独特で、外国語を聞いてるみたい

どこかの方言なのでしょうか? リズムも独特で、イントネーションも少しちがう気がします。「えっ?」「なに?」「どこ?」。みんな何度聞きなおしても、あおいさんの言葉を聞き取ることができません。けれども、あおいさん本人は自分の話し方がみんなとちがうことに気づいていないようです。

「さらいっす」にしか聞こえなかったけど。「さくらばあおいです」だったのか!

方言が強いのかなあ? あおいさんが何を言っているのか、正直、半分も聞き取ることができなかったよ。

スピードも速いけど、言葉《ことば》を区切るところや、息つぎの場所も、なんかちがう気がするわ。

5 あおいさんの場合

なんでこうなるの?

あおいさんは、どう思っているのかな?

ふつうに話しているつもり

「せっかちだね」とか「早口だね」って言われるんだけど、わたしはふつうに話しているつもり。うちは、親もきょうだいも早口だから、自分《じぶん》の話していることがちゃんと伝わっていないって、気がついていなかった……。

せっかちなのは、ADHDだからだと思ってたけど……

わたしには注意欠如《ちゅういけつじょ》・多動症《たどうしょう》（ADHD）という障害があるんだって。前の学校でも、よく先生から「授業中《じゅぎょうちゅう》はしずかにして」とか「今はしずかに!」とか注意ばかりされていたの。おしゃべりで早口なのはADHDだからだと思ってたけど、どうもそれだけじゃあないみたい。どうして、わたしのおしゃべりは暴走しちゃうんだろう……。

あおいさん。自分では早口に気がついていなかったんだね。

個性的でユニークな子だなぁって思ってたけど、ADHDだったんだね。今までもADHDの子は知ってたけど、あおいさんみたいにずばぬけて早口の子はいなかったなぁ。

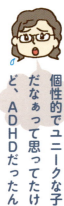

あおいさんには、こんな特徴《とくちょう》があります。

知っておきたい
早口症（クラタリング）

早口症（クラタリング）も障害のひとつ

極端《きょくたん》に早口なことでスムーズなコミュニケーションがむずかしいタイプを、早口症（クラタリング）とよびます。

吃音と同じく連発《れんぱつ》（くりかえし）や難発《なんぱつ》（ブロック）がみられることがありますが、あまり緊張感はみられないのが特徴《とくちょう》です。

本人は自覚することがむずしく、子どものころは、まわりだけが困っていることが多いようです。

とくに長い言葉が苦手

クラタリングの子は「よろしく」「おねがい」「します」のように、いくつかの言葉で構成《こうせい》される長い言葉が苦手です。

本人はちゃんと話しているつもりでも、「よーます」のように省略《しょうりゃく》して聞こえることがあります。

区切るところが不自然《ふしぜん》

「わたしは、くまもとけんから、きました」と言うべきところを、「わたし……はく……まもとけ……んからきま……した」のように、不自然なところでポーズをとっていることがあります。そうかと思うと、まったく息つぎをしない場合《ばあい》もあります。

どこがちがっているのか、わからない……

「えっ?」とか「もう一回」って聞きかえされるから、くりかえし話しても、やっぱり「わからない」って言われる。はっきり話してるつもりなのに、どうしてだろう？　どこがまちがっているのかが、わからない。「なんで伝わらないの」ってイライラするし、「わたしの話し方がおかしいのかな」って不安に思う。

こっちも聞き取れなくてイライラしちゃったけど、あおいさんも何度も「えっ?」って言われて、悲しい気持ちになったよね。

5 あおいさんの場合

こうすれば、うまくいきそう！

1 録音《ろくおん》して、聞いてもらう

あおいさんは、自分の言葉が人にどんなふうに聞こえているのかを自覚しておらず、「どうして伝わらないのか」と不安になっていました。そこで本人と話し合ったうえで、休み時間の会話を録音し、聞いてもらうことにしました。

自信《じしん》がなくなっていたけど、意識《いしき》すればよくなるって聞いたから、がんばろうって思った。

2 まずは、名前を言う練習《れんしゅう》をする

早口症は努力《どりょく》すればよくなること、そのために協力《きょうりょく》することを伝えました。あおいさんは自分のフルネームをいうときに、「さらばい」というように略して言うクセがついていました。そこで、名前を「さく」「らば」「あお」「い」の4つに区切り、机をトントントンと4回たたきながら、ゆっくり発声する練習をしました。

最初《さいしょ》は「さく」「らば」「あお」「い」って自分の名前じゃないみたいだったんだけど、一音一音を意識することで、しっかり発声できるようになってきたみたい。

CHECK POINT

話すスピードを意識できるようサポートする

吃音の場合は、話すことを意識しすぎないようにうながしますが、早口症（クラタリング）の場合は、逆に本人が話すスピードを意識できるようにサポートすることが大切になります。

❶本人が自分の言葉の問題について、理解できているか。

❷「えっ？」「もう一回」などと、何度も聞き返されることで、イライラしたり、自信をなくしたりしていないか。

❸録音したものを聞いてもらうなど、どんなふうに相手に聞こえているかを意識できるよう、うながしているか。

❹おちついて、ゆっくり発声できるよう、練習する機会《きかい》をつくれているか。

❺話すスピードをコントロールできているときに、しっかりとOKサインを出して、本人の「がんばろう」という意欲《いよく》を引き出しているか。

3
うまく話せているとき　ＯＫサインを出す

あおいさんはアニメやゲームが好きなので、キャラクターになりきりセリフを言うワークをやりました。たとえば「わたしは、おばあちゃんのために、世界一の魔法《まほう》つかいになる」というセリフのあるDVDをみてもらい、まねをして言ってもらいました。

セリフを言うワークは、声優さんになったみたいで楽しいし、気持ちをこめてまねをすれば、息つぎの場所もわかりやすいね。

6
あおいさんの場合

おしゃべりなのに、質問《しつもん》をはぐらかす

あおいさんはとても個性的で、ほんとに変わっている。おしゃべりで、自分《じぶん》の好きなことは、マシンガントークでたくさん話してくれるけど、いつも一方的《いっぽうてき》で、質問しても答えてくれないことがある。しかも早口だから、話についていけない……。ちょっとコミュニケーションとりづらいな。

あおいさんって、ものしりだよね

あおいさんはものしりで、ゲームにすごくくわしいようです。休み時間、かずやさんたちが新しいゲームの話をしていたら、「モントレのかくれキャラは、第5ステージで出てくるんだよ」と、いきなり話にわりこんできました。

早口すぎて、話についていけない……

だけど、ちょっとマイペースなのでしょうか？　かずやさんたちの反応《はんのう》などおかまいなしに、「第4ステージのヤマトが……」などなど、自分の好きなことばかり一方的に話し続けます。しかも、すごい早口なので、内容《ないよう》がよく聞き取れません。

まわりの人が思うこと

クラスの中に第5ステージまで進んでいる子はいなかった！　尊敬《そんけい》しちゃうよね。

ヤマトってだれ？　第4ステージのキングってなに？　さっぱり話についていけないよー。

質問したけど、スルーされた……

あまりのマシンガントークについていけなくなったかずやさんが、「えっ？　ヤマトってなに？」って質問してもムシ！　「炎のつるぎが……」「ダンジョンは……」などなど、人の話にわりこんできたのに、質問には答えてもくれず、えんえんと話し続けています。

話がとびまくりで、わけわかんない

それに、思いついたことをなんでも話してしまうので、話の内容は支離滅裂《しりめつれつ》。最後《さいご》は、あおいさん自身《じしん》も何を話していたかわからなくなって、急に「えっとーー」「あれ？」ととまり、「なんだっけ？」とモゾモゾひとりごとをつぶやくありさま。

コミュニケーションがとりづらい……

人の質問に答えてくれなかったり、ムシしたりするのも、一度や二度ではありません。給食を食べながら、となりの席のかすみさんが、「昨日《きのう》のミュージックパラダイスは観た？」って聞いたんだけど、みごとにスルー！　チラッとみたあと、うしろの席のかずやさんに「モントレのかくれキャラは見つかった？」って話しかけます。

あおいさんのあまりにマイペースすぎる態度《たいど》に、クラスメートからは「ワガママすぎる」「もっと、人の話も聞いたらいいのに」と、不満《ふまん》の声もあがっています。

あおいちゃんの話はおもしろいんだけど、こっちの質問には答えてくれないから、話がふくらまないんだ……。

思いついたことをベラベラしゃべるから、話がめちゃくちゃなんだよ。話し方もなんかおかしいよね……。

音楽の話は興味《きょうみ》がないのかな……。仲良くなりたいと思って、話しかけたのに、どうしてムシするの？

❻ あおいさんの場合

なんでこうなるの？

あおいさんは、どう思っているのかな？

考える前に、話してしまう

おもしろい話や、好きなことについては、まるでボールが転がっていくみたいに、考える前に話してしまうの。自分ではよくわからないけど、話しているうちに、どんどん早口になってしまうみたい。それもADHDだからかなあ？　ときどき、息つぎができなくなることも、あるんだ。

話したいことを忘れてしまう

話しているうちに、自分でも何を話しているかわからなくなったり、言葉《ことば》につっかえたり、言葉をまちがえたりするの。言いたいことがあるのに次の言葉がスムーズに出てこなくて、間があいたり、「えっと」「だから」「あの」とか言っているうちに、言いたいことを忘れてしまったりする。

たしかに、あおいさんのおしゃべりって、とめどないわよね。

話がめちゃくちゃだったり、いきなり話をやめたり……、おかしいなって思ってたよ。

あおいさんには、こんな特徴《とくちょう》があります。

知っておきたい
早口症（クラタリング）

注意欠如《ちゅういけつじょ》・衝動性《しょうどうせい》の特性が強い

ADHD＝早口症（クラタリング）ではありませんが、早口症の人の多くに、「おしゃべり」「人の話を聞かない」「集中力が続かない」など注意欠如・衝動性の特性がみられ、ADHDとの区別《くべつ》がむずかしいことが知られています。

自閉スペクトラム症（ASD）の傾向《けいこう》も

一方的に話し続けたり、かすみさんを無視《むし》したり、みんなから「ふしぎ」と思われる行動をとるあおいさんは、自閉スペクトラム症（ASD）の傾向があるのかもしれません。

早口症と自閉スペクトラム症を併発《へいはつ》している人は、少なくないということがわかっています。

まわりから誤解《ごかい》されやすい

ASDの特性により、「自分の行動が、ともだちや先生からどう思われるのか……」という推測《すいそく》をすることが苦手です。

そのため、マイペース・ワガママなどと誤解されてしまいやすいのです。

実《じつ》は、質問されるのが、苦手……

自分から話をするときは平気なんだけど、人に質問されると、やっぱり言葉が出てこなかったり、話そうとしても話せなかったりする。だから、どうしたらいいのかわからなくて、ついついスルーしちゃうことがあるんだ。いやな思いをさせていたなら、ごめんなさい！

おしゃべりなのに、質問されるのは苦手だったんだね。ちょっとふしぎ。きらわれてないってわかったから、安心《あんしん》したよ。

❻ あおいさんの場合

こうすれば、うまくいきそう！

1 ゆっくり話すための合図《あいず》を決める

あおいさんと相談し、話しているときに、「今、早い」と自覚できるよう、手を上下する「ゆっくり」の合図を決めました。スピードを意識《いしき》することで、少しずつ、おちついて、ゆっくり言いたいことが伝えられるようになっていきます。

どんどん早口になったり、話がまとまらないまま長くなったりしていることが、わかってなかったの。合図をもらえると助かるね。

2 無視するのはよくないことを伝える

人の気持ちを推察《すいさつ》するのが苦手なあおいさんのために、ともだちが話しかけてきたときに無視してしまうと、相手は「きらわれているのかな」「おこらせてしまったのかな」など考え、傷《きず》ついてしまう場合《ばあい》があることを伝えました。

かすみさんは、仲良くなろうとして話しかけてくれたんだね。なのに、無視して、ごめんなさい！

CHECK POINT

安心して会話を楽しめる機会《きかい》を増やしていく

とくに、早口症（クラタリング）と自閉スペクトラム症の子の場合、みんなから「自分《じぶん》勝手《かって》」と思われる行動をとってしまいがちです。必要《ひつよう》な場面《ばめん》では大人が「通訳」に入るなどし、安心してコミュニケーションできる機会を増やしていきましょう。

❶人の質問を無視する・はぐらかす、意味《いみ》不明《めい》な言動《げんどう》など、ふしぎな行動がないか。

❷その行動がともだちから誤解されたり、トラブルの種《たね》になったりしていないか。

❸本人が、自分の言葉の問題を理解《りかい》しているか。話しているときに「今、早い」と自覚できているか。

❹本人にわかりやすいルールを示すなどし、安心して、ともだちとのコミュニケーションを楽しんだり、授業《じゅぎょう》に参加できる機会をつくっているか。

3 順番《じゅんばん》に話す・聞くワークに取り組む

会話のキャッチボールの楽しさを経験《けいけん》してもらうために、あらかじめ決めておいた「わたしの趣味《しゅみ》」というテーマについて、3分ずつ順番に話すワークをやりました。順番に質問していく「質問タイム」もつくります。前もってルールと順番を伝えておくことで、あおいさんも楽しく参加《さんか》することができました。

話すことを決めていたから、ゆっくり話せたし、質問にも答えられたよ。みんなの趣味もわかって、楽しかったなぁ。

7
だいちさんの場合

変なクセや動きが多い

5年生のだいちさんのニックネームは「博士《はかせ》」。ものしりで、べんきょうも得意《とくい》なので、みんなから尊敬《そんけい》されているんだけど、ちょっと気になるところがある。やたらまばたきをしたり、顔をしかめたり、体をぴくぴくさせたり、ときどき、変な動きをしているんだよ。あれってなに？　ふしぎだよね……。

だいちさんは、なんでもよく知ってるよね！

社会や理科が得意なだいちさん。本が大好きで、いつも、図鑑《ずかん》や辞書《じしょ》を読んでいるから、なんでもよく知っていて、みんなから「博士」とよばれ、一目置《いちもくお》かれています。けれども、ちょっとおかしなところがあるのです。

変なクセが、ちょっと気になる……

話をしているとき、やたらパチパチとまばたきをしたり、顔をしかめたりすることがあります。光がまぶしいのでしょうか？　それとも、どこか痛いとかかゆいとか、何か気になることがあるのでしょうか？

まわりの人が思うこと

だいちさんは、ものしりで、マメ知識《ちしき》が豊富《ほうふ》なんだよ。

だけど、ちょっとおちつきがない。やたらパチパチまばたきするの、クセなのかなぁ？

急にヘン顔って、どういうこと？

この間《あいだ》も、授業中《じゅぎょうちゅう》、はるかさんと理科の発表《はっぴょう》の相談をしていたときのこと。急に顔をくしゃくしゃにゆがめたかと思うと、くちびるをぎゅっと突き出して、まるで、ひょっとこのお面のような、変な顔をしてきたのです。ふざけているのかと思ったら、そのあと、なにごともなかったかのように話を続けるので、はるかさんは唖然《あぜん》……。あとでおともだちに「なんかおかしい」と話していました。

歩いているときも、なんかおかしい?!

気になることは、それだけではありません。登校《とうこう》・下校《げこう》、廊下《ろうか》の移動《いどう》で歩いているときにも肩をすくめたり、首をふったり、ときにはぴょんぴょんとんでいたり……、なんだか歩き方が変なのです。

何かの病気なのかなぁ……

最近《さいきん》、朝礼《ちょうれい》など、長い時間、立っていなくちゃならないときには、だいちさんのおかしな行動が目立ちます。みんながまっすぐ立っているときにも、だいちさんだけ、急にけいれんしたように体ぜんたいをうしろにそらせたり、ぴくぴくさせたりするのです。「大丈夫《だいじょうぶ》？」と声をかけると、バツが悪そうな顔をして「なんでもない」「大丈夫」と言うのですが、動きが奇妙《きみょう》なので、とくに、女の子たちが気味《きみ》悪がっています。

まじめな相談の途中《とちゅう》、一瞬《いっしゅん》だったけど、すっごい変な顔をしたの！　あれってなに？　すごくこわかった。

歩いてるときも、なんか動きがおかしいんだよ。あれって、わざと？

ときどき、体をけいれんさせているけど、何かの病気なのかな？　最近、どんどんひどくなっているから、気になっているんだ。

⑦ だいちさんの場合

なんでこうなるの？

だいちさんは、どう思っているのかな？

自然《しぜん》に体が動いてしまう

パチパチまばたきしてしまったり、顔をしかめたり、何度《なんど》もかたをすくめたりしてしまうのは、わざとじゃなくて「チック」っていう症状《しょうじょう》なんだ。ぼくがチックに気づいたのは、6歳のころ。最初《さいしょ》のころはお母さんに「やめなさい」って注意《ちゅうい》されて、やめようと思ったけど、努力《どりょく》してもとめられなかった。自分《じぶん》でも、おかしいと思っているんだけどね。

じろじろ見られたり、笑われたりする

バスや電車の中でも、チックがとめられないから、まわりの人からじろじろ見られたり、ときにはクスクス笑われたり、おかしな動きをまねされたりすることもある。そんなとき、とてもつらいんだ……。「早くここから逃げ出したい」って思うよ。

チックにも、いろんな症状があるんだね。知らなかった。べんきょうしてみるよ。

自分ではどうしようもないのに、みんなから笑われたりするのは、悲しいよね。わたしも、じろじろ見たことあるかも……。反省《はんせい》した！

だいちさんには、こんな特徴《とくちょう》があります。

知っておきたい
チック／トゥレット症候群

やるつもりがなくても、やってしまう

自分ではやるつもりがないのに、ある動作《どうさ》をくりかえしてしまう状態を「チック」といいます。

チックの中でも、体をガクガクさせる、鼻をひくひくさせる、白目をむく、口をとがらせるなど、不自然《ふしぜん》な動きをくりかえすのが「運動チック」です。

複数のチックがあらわれることがある

ほとんどのチックは5～6歳ごろに、まばたき、鼻すすり、顔をしかめるなどの運動チックではじまります。

だいたいの場合《ばあい》、半年くらいでおさまりますが、さまざまなチックがあらわれたり、長く続いてしまったりすることもあります。

自分ではやめられない

チックを「やめなさい」「おかしいよ」などと注意しても、本人の努力でやめることはできません。

それどころか「恥《は》ずかしい」「やめなくちゃ……」「どうにかしたい」などと意識《いしき》すると、どんどんチックがひどくなってしまうこともあるので、逆効果《ぎゃくこうか》です。

どう思われているのか気になる……

最近になって、体がぴくぴくしたり、どんどん大きな動きが増えてきた……。みんなは、ぼくのこと、どう思っているのかな？　やっぱり「おかしい」「変なやつ」って思われているのかな。すごく気になるよ……。

正直《しょうじき》に言うと、知らなかったからこわくって、「おかしい」って思ってたの。ごめんなさい。

7 だいちさんの場合

こうすれば、うまくいきそう！

1 先生がチックのことをべんきょうする

先生は、チックのことをくわしく知らなかったので、チックのことをべんきょうしました。チックにはさまざまな症状があることや、「やめなさい」と注意してもなおらないことをわかってもらいました。

先生が「チックのことをべんきょうするから、安心《あんしん》して相談していいよ」って声をかけてくれたんだ。うれしかったな。

2 どうすればいいのか話し合う

だいちさんがどんなことで困っているのか、先生と話し合いをしました。高学年になってチックの症状がひどくなっていることで、だいちさんが悩んでいたことがわかり、どんな場面《ばめん》でチックが出ているのか、どうしてほしいのか、相談しました。

チックのことを先生に話せて、すっきりした。今まで一人で悩んでたから、味方ができて心強いよ。

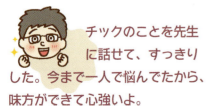

CHECK POINT

チックのさまざまな症状について学び、対策を考える

チックは運動チックと音声チックに大きく分けられ、さまざまな症状があります。そして、「やめなさい」と注意してもなおせません。まずは、正しい知識《ちしき》を学び、本人と相談しながら、対策を考えていきましょう。

❶まわりの大人がチックについて学び、正しい知識をもっているか。

❷「やめなさい」「しずかに」など注意したり、しかったりしていないか。

❸本人が困っていることに、まわりの大人が気づき、相談相手になっているか。

❹チックが出そうなときは合図をする、はげしいチックが出てしまったときには場所を移動するなど、対応策を決めているか。

3 チックが出たときの対策《たいさく》を考える

だいちさんは、朝礼や全校集会など、「しずかにしなければならない」と思う場所《ばしょ》で、チックが出てしまうようです。チックが出そうなときには手をあげるなどの合図《あいず》を考え、出てしまったときは、場所を移動して離れたところで休んでもらうことにしました。

朝礼で「チックが出そうだ！」って思ったら、うしろのほうに移動することにしたんだ。それなら、人目が気にならないね！

8
だいちさんの場合

テスト中に、うなってしまう

べんきょうが得意《とくい》で成績《せいせき》もトップクラスのだいちさんなんだけど、困ったクセがある。たとえばテスト中とか、みんながしずかに集中《しゅうちゅう》しているときにかぎって、「ふん、ふん、ふん」と鼻を鳴らしたり、「うぅーっ」とうなったり、みんなの邪魔《じゃま》をするんだよ。正直《しょうじき》、迷惑《めいわく》だから、やめてほしい！

テスト中のしずかな教室で……

今日《きょう》は、学校いっせいの「学力テスト」の日。先生の「スタート！」の声と同時に、みんなはテスト用紙にむかいます。しずまりかえった教室にひびくのは、みんながペンを走らせる音だけ。ところが、とつぜん、「ふん、ふん、ふん」と、だいちさんが鼻を鳴らしはじめました。

だいちさん。鼻がつまっているのかな？

風邪《かぜ》なのか、アレルギーなのか……。だいちさんはずっと「ふん、ふん、ふん」と鼻を鳴らし続けています。となりの席のはるかさんはだいちさんのことが気になって、テストに集中できない様子《ようす》……。

まわりの人が思うこと

だいちさん。ときどき、鼻を鳴らすよね。アレルギーなのかな？

どんどん音が大きくなっていくから、気になってテストに集中できなかったの。

うるさすぎて、テストに集中できないよ……

「ぶっ、ぶっ、ぶっぅーっ」と、だんだん、だいちさんの鼻を鳴らすボリュームが大きくなってきたので、さすがに気になったはるかさんが「しずかにして」と小声で注意《ちゅうい》します。だいちさんはハッと気づいて、もうしわけなさそうな顔。しばらくはしずかにしてくれていたのですが、それもつかの間《ま》のこと。今度《こんど》は「うぅーっ」と小さくうなりはじめました。

今度は大きな声でうなりはじめた！

5秒おきぐらいに、犬のような声で「うぅーっ」「うぅーっ」とうなります。「テスト中なんだよ。しずかにしてってばー」とはるかさんがふたたび注意しますが、だいちさんのうなり声はおさまりません。それどころか、だんだんと大きくなり、ついには悪夢《あくむ》にうなされたように「うっ、うっ、うぅーっ」と教室中にひびきわたるような大声で、うなってしまいました。みんなは、びっくり。

自分がうるさいって、わかってないのかな？

「だいち。どうした？」と、みかねた先生が声をかけると、だいちさんは真《ま》っ赤《か》になって、「ごめんなさい」と気まずそうな顔……。自分がうなってしまったことを、わかっていなかったようです。いったい、どうしてしまったのでしょう？

注意すると、やめてくれるんだけど、またすぐやりはじめるの。クセなのかなぁ……。

まるで、動物みたいなうなり声だったから、正直《しょうじき》、ちょっとこわい。

すごい大声で、みんなの迷惑だったから注意したんだ。これはさすがにチックじゃないよね？

なんでこうなるの？

だいちさんは、どう思っているのかな？

わざとやっているわけじゃない

鼻を鳴らしたり、うなったりするのも、ぼくのクセなんだよ。だけど、決してわざとやっているわけじゃない。みんなのテストの邪魔をしているつもりはないんだよ。そのことは、わかってほしいんだ。

自分《じぶん》ではやめられない

テストに集中しているときとか、自分ではチックが出ていることに気がついていないときもあるんだ。「しずかに！」って注意されると、「あっ！　チックが出ていたんだな」って思う。だけど、「しずかにしなくちゃ」「やっちゃいけない」って意識《いしき》すると、なぜかどんどんチックがひどくなっちゃうんだ。

体をぴくぴくさせるだけじゃなくて、うなったりするのもチックの一種だったのか！

無意識《むいしき》だったのね。がまんしようとしても、自分ではどうすることもできないって、つらそうだよね……。

だいちさんには、こんな特徴《とくちょう》があります。

知っておきたい
チック／トゥレット症候群

わざとではないのに、音や声が出てしまう

チックの中でも、せきばらい、鼻鳴らし、うなるなど、わざとではないのに、音を出してしまうものを「音声チック」といいます。運動チックと同じく、自分ではコントロールすることができません。

小学校高学年で、症状《しょうじょう》が目立つことが多い

思春期を迎えると、発声のボリュームが大きくなったり、テスト中やバスの中などしずかにしていなければならない場面《ばめん》で音声チックが出てしまったり、症状が進んでしまうことがあります。

重症《じゅうしょう》なチックが、トゥレット症候群

多種類の運動チックと１つ以上の音声チックが１年以上にわたり続く重症なチックが、トゥレット症候群（TS）です。ほとんどは幼児・児童・思春期にあらわれ、多くの場合《ばあい》は成人するまでに軽くなりますが、重い症状が長く続いてしまうこともあります。

やってしまった……と落ちこむ

小さいころは気にしていなかったけど、今まで何度《なんど》か失敗《しっぱい》してきて、最近《さいきん》は「あぁ。また、やってしまった」って、すごく落ちこむ。先生におこられても、どうすればしずかにできるのか、わからないよ。どうしたらいいのか、相談にのってほしい。

「しずかにしなさい」って注意しても逆効果《ぎゃくこうか》だっていうことを、知らなかったよ。

8 だいちさんの場合

こうすれば、うまくいきそう！

1 わざとじゃないことをわかってもらう

先生と相談し、先生からみんなにチックのことを伝えてもらいました。そしてともだちにも、チックはわざとやっていることではなく、自分でとめることがむずかしいことを、知ってもらいました。

はるかさんに「今まで誤解《ごかい》しててごめんね」ってわかってもらえて、うれしかった。

2 座る席を移動《いどう》する

だいちさんは「みんなの迷惑になっているかも……」「やめなきゃ……」と意識すると、よけいにチックがひどくなってしまうようです。なので、できるだけおちついて課題《かだい》に取り組めるよう、いちばんうしろのはしっこの席に移動してもらいました。

人の目を意識すると、どんどんひどくなる悪循環《あくじゅんかん》だったから、うしろの席になって、少しホッとした。

CHECK POINT

音声チックがはげしいときにはまわりの理解《りかい》も必要《ひつよう》！

　チックの症状がはげしい場合は、まわりのともだちやクラスメートに理解してもらう必要があります。本人と相談しながら、クラスメートに学んでもらう機会《きかい》をつくりましょう。

❶本人がチックのことで自信《じしん》をうしなったり、悩んだりしていないか。

❷まわりのともだちやクラスメートに、チックのことを理解してもらえているか。

❸本人が、できるだけリラックスできる席に座れているか。

❹チックの症状がひどくなったときに、保健室やカウンセリングルームなど、一人で休める場所が用意《ようい》されているか。

3
チックがひどいときに休む時間をつくる

今回のように、チックの間隔《かんかく》が短くなったり、うなり声をあげてしまったり、症状がはげしいときは、保健室やカウンセリングルームに移動し、休んでもいいことにしました。一人になっておちつくと、症状がおさまることも多いようです。

チックがひどいときには、避難《ひなん》することにしたんだ。「つらいときは、避難していいよ」って言ってもらえて、プレッシャーがなくなったみたい。

9 かれんさんの場合

ひとりごとが多い

6年生のかれんさんは、べんきょうが得意《とくい》で、学年トップの秀才《しゅうさい》！　だけど、いつも一人で、ときどき意味《いみ》のわからない、ひとりごとをつぶやいているから、話しかけづらいし、コミュニケーションもとりづらい……。なにかの呪文《じゅもん》なのかな？　それとも、おまじない？　ちょっと不気味《ぶきみ》かも……。

一人ですごすのが好きなのかなぁ……

一匹《いっぴき》オオカミタイプのかれんさん。みんなとぺちゃくちゃおしゃべりしたり、遊んだりするのは好きじゃないようです。休み時間は、いつも本を読んだり、イラストを描いたり、一人でしずかにすごしています。

意味不明《いみふめい》なひとりごとを言って、ニヤニヤ

けれども、ときどき、何やらひとりごとを言っているのです。この間《あいだ》も、イラストを描きながら、ずっと「ちゅうちゅうしゃ、ちゅうちゅうしゃ、ちゅうちゅうしゃ」とつぶやいてニヤニヤしていました。かなり、話しかけづらい雰囲気《ふんいき》です……。

まわりの人が思うこと

かれんさんって、少し近よりがたい雰囲気があるんだよね。

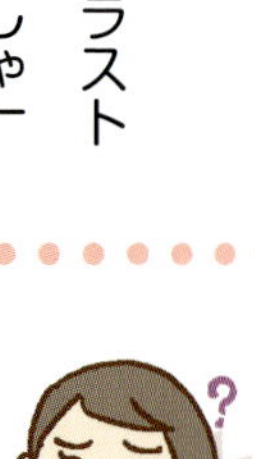

同じ言葉《ことば》をずっとくりかえして、ニヤニヤしていることが多いの。なんなんだろう？

ぴゅっ、ぴゅっ、ぴゅってなに？

どうやら、休み時間や給食の時間など、リラックスしているときに、かれんさんはひとりごとを言ってしまうクセがあるようです。それだけではありません。歩いているときや何かに夢中《むちゅう》になっているときには「ぴゅっ、ぴゅっ、ぴゅっ」と、鳥の鳴き声のような音を出していることがあります。なにかのおまじないなのでしょうか……。

なんで、こんなときにまねをするの？

ひとりごとだけならいいのですが、この間、ちょっとしたトラブルがありました。休み時間、かれんさんの近くでプロレスごっこをしていたすばるさんが机の角に足をぶつけてケガをしてしまったのです。すばるさんが思わず「いたっ！」と叫《さけ》んだら、なぜだか、かれんさんがすぐに「いたっ！」とまねをしたのです。

すばるさんがケガをしたのに、心配《しんぱい》じゃないの？

すばるさんがぶつけたところを押さえ「いたたたたっ」と苦しんでいるのに、かれんさんはずっと「いたっ！　いたっ！　いたっ！」とつぶやいています。他のクラスメートは、「大丈夫《だいじょうぶ》？」「血が出てるよ。保健室に行こうか？」と、すばるさんを心配しているのに……。かれんさんの態度《たいど》に、すばるさんは「うるさい！　だまれ！」とぶち切れ、みんなも「あんまりじゃない？」「おかしいよね」と、非難《ひなん》ごうごうです。

休み時間だから、別にいいんだけど、ちょっと気味《きみ》が悪いよね。

かれんちゃん。すばるさんのことは、心配じゃないのかな？

ぼくが痛がっているときに、おもしろがってまねをするって、ひどいと思ったし、むかついた！

9 かれんさんの場合

なんでこうなるの？

かれんさんは、どう思っているのかな？

無意識《むいしき》につぶやいてしまう

ひとりごとを言うのは、5歳ぐらいから。お母さんや幼稚園《ようちえん》の先生に「しずかにしなさい」って注意《ちゅうい》されて、気がついた。なにか意味があるわけではなくて、音が好きな言葉や思いついた言葉を、くりかえし言ってしまう。「ちゅうちゅうしゃ」とか「ぴゅっ、ぴゅっ、ぴゅっ」っていう音も、リラックスしているときや夢中になって遊んでいるときに、出てしまうみたい。

自分《じぶん》ではコントロールできない

わざとやっているわけじゃないから、自分ではコントロールできないの。「ひとりごとを言っているよ」と言われて、「あっ。言っていたんだ」って気づく。何を言っていたのか思い出せないこともあるの。

わたしも「あー。つかれたー」とか、ひとりごとを言っちゃうことがあるけど、かれんちゃんのひとりごとはおもしろいね。

思わず言っちゃうひとりごとってあるけど、それほどひんぱんじゃないし、何を言ってたか思い出せないことはないなぁ。

かれんさんには、こんな特徴《とくちょう》があります。

知っておきたい
チック／トゥレット症候群

鳴き声のような音を出してしまう

「ぴゅっ、ぴゅっ、ぴゅっ」など、鳥や動物の鳴き声のような音を、くりかえし出してしまうのも音声チックのひとつです。

リラックスしているときや、作業に夢中になっているとき、歩いているときなどに、無意識に出てしまうことが多いといわれています。

自分の発した単語をくりかえす

かれんさんの「ちゅうちゅうしゃ」のように、自分がつくった言葉や気に入った音、また、反射的に他の人のまねをくりかえすこともあり、こうした状態は「複雑《ふくざつ》音声チック」とよばれています。

単なるひとりごととはちがう

単なるひとりごととのちがいは、自分ではコントロールできず、意図《いと》せずくりかえしてしまうところ。

そのため「気持ち悪い」と思われたり、「バカにしている」と誤解《ごかい》されたりすることがあります。

自閉スペクトラム症（ASD）の傾向《けいこう》も

すばるさんを怒らせたかれんさんには、どうやら自閉スペクトラム症（ASD）の傾向もありそうです。ASDはチックやトゥレット症候群といっしょにあらわれやすいことが知られています。

反射的《はんしゃてき》に、人のまねをしてしまう

すばるさんが「いたっ！」って言ったのを聞いて、自分も痛いような気がして「いたっ！」って言ってしまった。バスでとなりの人が「コンコン」とせきばらいをしたら、自分のノドがガラガラしているような気がして、せきばらいをしてしまうこともある。これも、わざとじゃなくて、無意識なんだ。

無意識で人のまねをしちゃうんだ。かれんさんって、本当にふしぎな人だね！

9 かれんさんの場合

こうすれば、うまくいきそう！

1 チックのことを、いっしょに調べる

かれんさんは、自分がひとりごとを言ったり、無意識のうちに音を出したり、人のまねをしてしまうことには気づいていましたが、それがチックであることをわかっていませんでした。そこで、まずは先生といっしょに、チックやトゥレット症候群について調べることにしました。

わたしの変なクセは、トゥレット症候群というものみたい。理由がわかれば、対処法も考えられるかも。

2 まねはわざとじゃないと、ともだちに伝える

かれんさんがすばるさんのまねをしたのは、わざとじゃないこと、チックだということをともだちに説明《せつめい》しました。一方、かれんさんはともだちの反応《はんのう》を理解《りかい》できていなかったので、今回のような場合《ばあい》には、わざとじゃなくても、あやまっておくほうがいいことを伝えました。

すばるさんが痛がっているときに、まねをして、みんなをおこらせてしまったみたい。わざとじゃないの。ごめんなさい。

CHECK POINT

本人や家族が正しい知識《ちしき》をもちうまくつきあえるよう応援《おうえん》する

チックの症状が複数あるにもかかわらず、本人や家族が、チックやトゥレット症候群のことを知らなかったり、どのような障害なのかをよくわかっていなかったりという場合もあります。まずは、本人といっしょに正しい知識を学ぶことからはじめましょう。

❶チックの症状にどんなものがあり、どんなときに出てしまうのか、本人や家族が把握《はあく》しているか。

❷チックやトゥレット症候群について、まわりが正しい知識をもっているか。

❸チックの症状がともだちから誤解されたり、いじめの原因《げんいん》になったりしていないか。

❹本人が困っていることに、まわりの大人が気づき、相談相手になっているか。

3 いじめに発展しないように、注意する

トゥレット症候群の子の多くが、症状《しょうじょう》を理由にからかわれたり、仲間はずれにされたり、悪口を言われたりといった、いじめを経《けい》験《けん》しています。そんなことがないように、かれんさんには気になることがあったらすぐに相談するように伝え、これからも注意しながら見守ることにしました。

先生が「心配ごとがあったら、すぐに相談してね」と言ってくれたから、何かあったら、まず相談することにするね。

10
かれんさんの場合

自分《じぶん》の傷《きず》をさわってしまう

最近《さいきん》、かれんさんの様子《ようす》がおかしい。ぼーっとしていて元気がないの。この間《あいだ》は、廊下《ろうか》で転んでケガをしちゃったんだって！だけど、そのあとが大変《たいへん》。傷を無意識《むいしき》にさわってしまうから、なかなか、なおらない。気がつくと血まみれ……みたいな状態で、みんな心配《しんぱい》しているよー。

かれんさん、ちょっとおつかれの様子……

2学期になってから、少しつかれている様子のかれんさん。どうやら夏休みに生活リズムがくずれ、睡眠不足《すいみんぶそく》に悩んでいるよう。休み時間は机につっぷして寝ていることが多く、授業中《じゅぎょうちゅう》にもときどき寝てしまうことがあるようです。

指をケガしちゃったのかな？

なんだか覇気《はき》がなく、調子が悪そうなのですが、それだけではありません。この間は、廊下で転んで、ひざとひじの部分をすりむいてしまいました。かれんさんはケガをしたところが気になるらしく、授業中も、ずっと包帯《ほうたい》の上からひじの傷をさわっています。

まわりの人が思うこと

かれんさん、なんだか様子がおかしくて、ぼーっとしているので、心配だわ。

授業中も、ずっとケガをしたところをさわっているの。痛くないのかなぁ……。

かれんさん。血まみれなんだけど……

かれんさんは、いちど傷をさわりはじめると、やめることができないようです。強くこすってしまうので、包帯に血がにじみ、やがて教科書《きょうかしょ》にぽたぽたとたれはじめました。となりの席のとみえさんが「かれんちゃん。血が出てるよ！」と注意《ちゅうい》します。

どうして、傷をさわっちゃうの？

注意されたかれんさん。あわてて、ハンカチでひじの包帯をおおいます。一度は傷をさわるのをやめたのですが、それも長くは続きません。しばらくすると、今度《こんど》はひざの傷をさわりはじめました。いくら「かれんちゃん。やめたほうがいいよ」と注意しても、すぐにまたさわってしまうので、とみえさんも、あきれてしまいました……。

髪の毛を抜いたり、かさぶたをはいだり?!

しかも、かれんさんの「痛い」クセは、それだけではないのです。この間、体育館で秋のキャンプのガイダンスを聞いていたときには、ずっと髪の毛を抜き続けていました。心配したとみえさんがこっそり先生に報告《ほうこく》したほど、かれんさんが座っていた場所《ばしょ》に、ごそっと抜いた髪の毛がちらばっていたのです。

ひじの傷も、包帯がとれて、かさぶたができても、すぐにはがしてしまうようです。かれんさん。どうしてしまったのでしょうか？

血が出るまで、傷をさわるって、ありえないよね？

あんなに血がぽたぽたたれているのに、どうして、かれんちゃんは傷をさわるのをやめないのかなぁ。見てるほうが痛くなっちゃう。

とみえさんから報告を受けて、びっくりしたわ。ちょっと尋常《じんじょう》じゃないわよね。

なんでこうなるの？

かれんさんは、どう思っているのかな？

最近、どうもパッとしない

夏休みに初潮《しょちょう》が来てから、どうも体の調子がよくない。あんまりよく眠れないし、ちょっとしたことでイライラするし、昼間は寝不足でぼんやりしていて、べんきょうにも集中《しゅうちゅう》できないから、困っているの。

傷が気になって仕方《しかた》がない

ぼーっと歩いていて、段差《だんさ》につまずいて転んでしまった。ひざとひじに傷ができたんだけど、その傷がムズムズして、気になって仕方がないの。ついついさわってしまう。家族にも、ともだちにも「さわらないほうがいいよ」って注意されるけど、血が出るまでさわらないと、気がすまないんだ。

どうも様子がおかしいと心配していたんだけど、体の変化も影響《えいきょう》していたのね。

わたしもかゆいところが気になって、血が出るまでかいちゃったりすることがあるけど、そんな感じなのかな？

かれんさんには、こんな特徴《とくちょう》があります。

知っておきたい
チック／トゥレット症候群

自傷《じしょう》も、チックの症状《しょうじょう》のひとつ

チックの症状として、爪をかむ、髪の毛を抜く、かさぶたをはがしてしまう、傷をひっかくなどの自傷行為《こうい》があらわれることがあります。

強迫性《きょうはくせい》障害（OCD）とも関係しやすい

チックやトゥレット症候群と、強迫性障害（OCD）も併存《へいぞん》しやすく、痛いと感じるまでチックの動作《どうさ》をしないと気がすまない、「やってはいけない」と思うとやってしまうなどの症状が出ます。

初潮がはじまると悪化することがある

とくに女の子の場合《ばあい》、10～15歳くらいの間に初潮がはじまると、ホルモンのバランスの関係で、自律神経《じりつしんけい》が乱れ、一時的に症状が悪化することがあります。眠れない、不安が強くなる、イライラするなど精神的《せいしんてき》にも不安定になりがちです。

「やめなさい」と注意されると、やってしまう

髪の毛を抜くのも、かさぶたをはがすのも、「やめなさい」「やっちゃダメ！」と注意されると、よけいにやりたくなってしまって、自分《じぶん》ではブレーキがかけられない。見つからないように、トイレにこもって、髪の毛を抜いたり、かさぶたをはがしたりしてしまうこともある。

だけど、血がぽたぽたたれるまでやっちゃうとか、トイレにこもってまでやっちゃうのは、やりすぎだよね。

⑩ かれんさんの場合

こうすれば、うまくいきそう！

1 生活リズムを整《ととの》える

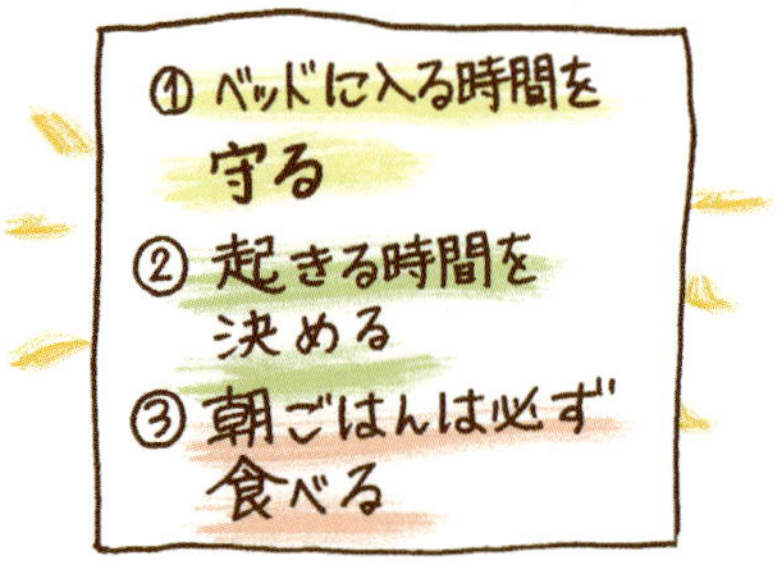

①ベッドに入る時間を守る
②起きる時間を決める
③朝ごはんは必ず食べる

初潮をむかえてしばらくは、だれしも体調が整わないものですが、かれんさんはとくにデリケートなようです。家族にも協力《きょうりょく》してもらい、①ベッドに入る時間を守る、②起きる時間を決める、③朝ごはんは必《かなら》ず食べるなど、生活のリズムを整えるようにしました。

つかれやすかったり、ぼーっとしてたりしたせいで、変な時間にうたたねしちゃってた。そのせいで夜眠れなくなり、リズムが乱れていたから、気をつけるね。

2 注意したり、心配したりするのをやめる

やめなさい

かれんさんは「やめなさい」と注意されれば注意されるほど、そのことが気になってしまい、ついついやってしまう悪循環《あくじゅんかん》にはまってしまうようです。かれんさんのクセを強化してしまわないように、心配しすぎるのはやめ、注意するのも控《ひか》えました。

「やめたほうがいいよ」って言われると、ますます気になってやってしまうみたい……。だから、ほうっておいてもらえると助かる！

CHECK POINT

体調を整えて、気分転換できることも大切《たいせつ》

とくに女の子の場合、初潮がはじまるとチックやトゥレット症候群の症状が重くなることがあります。さまざまなストレスから心身の調子が崩れやすく、悪循環にはまりやすいので、気をつけましょう。

❶女の子の場合、初潮がはじまるなど体に大きな変化がなかったか。

❷心身の変化に、本人が動揺《どうよう》したり、不安になったりしていないか。

❸睡眠のリズムが乱れていないか。食事はしっかりとれているか。

❹爪をかむ、髪の毛を抜く、かさぶたをはがすなど、本人にはブレーキをかけることができないチックの症状について、「やめなさい」と注意していないか。

❺本人の気分転換になるような楽しい時間や、夢中になれることがあるか。

3
好きなことや楽しいことを提案《ていあん》する

かれんさんの気がまぎれ、気分転換《きぶんてんかん》ができる企画《きかく》を考えました。かれんさんはアニメやマンガにくわしく、イラストを描くのが得意《とくい》なので、休み時間に先生やともだちの似顔絵《にがおえ》を描いてもらうなど、集中できる楽しいことを提案しました。

気がまぎれる楽しいことがあると、そっちに夢中《むちゅう》になれるから、チックがあんまり出ないみたい。今日は一日、傷をさわらなかったよ。

11 えいとさんの場合

極端《きょくたん》におちつきがない

4年生のえいとさんは、スポーツ万能《ばんのう》！　元気いっぱいのガキ大将タイプ。活発《かっぱつ》で、行動的なのは長所だけど、極端におちつきがない。床《ゆか》をふみ鳴らしたり、机《つくえ》をバンバンたたいたり、授業《じゅぎょう》にも集中《しゅうちゅう》できないみたい。この間《あいだ》は、算数のテスト中《ちゅう》に注意《い》されたら逆ギレして、教室を出て行っちゃった！

まわりの人が思うこと

えいとさんのおちつきのなさは、世界チャンピオン級だよ。見てるだけで、つかれちゃう。

変な動きをするようになって、「やめなさい」って言っても、聞いてくれないから困ったわ。

いつも、じっとしていられないよね……

元気いっぱいで行動的なえいとさんですが、常《つね》にそわそわ動いています。朝礼《ちょうれい》や全校集会で、先生の話を聞いているときも、首を左右にふったり、鼻や耳をほじったり、目をパチパチさせたり……、いっときもじっとしていません。

おかしな動きが増えてない?!

先生が「えいとさん。ちゃんと立って」「じっとしていなさい」と注意しても、まったく効果《こうか》がありません。しかも、最近《さいきん》ではお尻をつきだしたり、腰をふったり、どんどんおかしな行動が増えてきて、エスカレートしているよう。えいとさんは、ふざけているのでしょうか？

昔からおちつきはなかったけど……

思いおこせば、えいとさんは低学年のころから、授業中も、しずかに座っていることができず、教室をウロウロ歩きまわったり、ときには廊下《ろうか》を走り回ったりして、先生によくしかられていたのです。最近は、さすがに廊下を走り回るようなことはなくなりましたが、今でも、じっとしていることは苦手な様子《ようす》。

イスをたおして、出て行っちゃった！

とくに苦手な算数の授業になると、えんぴつをガリガリかじったり、頭をかいたり、少しも集中できない様子。机をバンバンたたいたりすることもあって、まわりも迷惑《めいわく》しています。この間も計算のテストの時間、机をガタガタさせていたので、たまりかねた先生が「えいとさん。しずかにして」と注意しました。そしたら、えいとさんは、イスをたおして逆ギレ。「ぎゃぁあーーっ」とほえて、教室を出て行ってしまいました。あまりのことに、クラスメートは唖然《あぜん》。先生もほとほと手を焼いています。

あれじゃあ、べんきょうもできないよね

ちかごろは宿題《しゅくだい》もやってこないし、テストをやっても半分くらいは白紙だし、べんきょうはどんどん遅れてしまっています。しかも、なにかと反抗的で、先生が注意しても、少しもえいとさんの態度《たいど》はよくなりません。

えいとさんって、低学年のころは、学校中を走りまわっていて、有名人だったよね。

机をバンバンたたくのは、本当にびっくりするし、うるさいから、やめてほしい！

元気なのはいいけど、べんきょうをやる気がないのかしら。困ったものだわ。

なんでこうなるの？

えいとさんは、どう思っているのかな？

昔から、じっとしていられない

小さいころから「おちつきがない」「じっとしていられない」と言われていて、お医者さんに相談に行ったこともある。首をふったり、舌打ちしたりしてしまうのは、チックという病気なんだって。「やめよう」と思って必死《ひっし》にがまんしているんだけど、やめられないんだ。

チックで、集中することができない

チックがひどいときは、べんきょうも手につかない。プリントやテストも時間中に全部《ぜんぶ》書けたためしがないし、家で宿題もできないことがある。「集中しなきゃ」「時間どおりに終わらせなくちゃ」って思えば思うほど、チックがいっぱい出ちゃうんだ。

いつも、そわそわしていて本当におちつきがないから、ちょっと変だと思ってたけど、病気だったんだね！

べんきょうが手につかなくて、宿題もできないなんて、大変《たいへん》だね。さぼっていたわけじゃなかったんだね。

えいとさんには、こんな特徴《とくちょう》があります。

知っておきたい
チック／トゥレット症候群

注意欠如《ちゅういけつじょ》・多動症《たどうしょう》（ADHD）の併発《へいはつ》

チックやトゥレット症候群と注意欠如・多動症（ADHD）は密接な関係があり、トゥレット症候群の約50％の人がADHDを併発するというデータもあります。

ADHDを併発していると、衝動性《しょうどうせい》・攻撃性が高まることもあり、さらにチックが目立ってしまいます。

10〜15歳で症状《しょうじょう》がはげしくなりやすい

一般的に、チックは10歳から15歳ぐらいのころに一番はげしくなって、成人期のはじめまでに軽くなっていくといわれます。

しかし、ADHDがある子の場合《ばあい》は、はげしい症状が長く続いていくことも多いようです。

チックのことで、自信をなくしやすい

先生やまわりから注意されたり、きびしくしかられたり、迷惑《めいわく》がられたりすることが続くと、「自分はダメなやつだ」とだんだん自信をなくしてしまうことがあります。

気にしすぎて、緊張《きんちょう》したり、不安が強くなったりすると、チックがはげしくなる悪循環《あくじゅんかん》におちいりがちです。

自分《じぶん》はダメなやつだと思う

ぼくは運動が得意《とくい》だから、ともだちとサッカーをやったり自転車で遠くに出かけたり、楽しいこともいっぱいあった。昔は、先生にしかられても平気だったんだ。でも、最近は「べんきょうができない自分はダメなやつなんじゃないか」「こんな感じだと仕事もできないんじゃないか」って不安になってきた。

チックがあるから、授業や課題《かだい》に集中できなくて、どんどん自信《じしん》をなくしていたのね。頭ごなしにおこってしまって、悪かったわ。

⑪ えいとさんの場合

こうすれば、うまくいきそう！

1 うまくいく方法を、本人と相談する

えいとさんは、最近、チックがひどくなったことで、思うように実力を発揮《はっき》できず悩んでいました。なので、どんなときにチックが出てしまうことが多いのか、どうすればうまくいきそうなのか、先生と相談する時間をもうけました。

先生と話せて、わざとじゃないってわかってもらえて、ホッとしたよ。

2 テストの受け方を工夫《くふう》する

「テスト中にチックがはげしくなり、集中できなかったらどうしよう」と不安に思うと、よけいにチックが出る悪循環にはまってしまうようです。別室や放課後《ほうかご》にテストを受けてもらったり、場合によっては時間を延長したり、できるだけえいとさんのプレッシャーをへらす工夫をしました。

放課後、だれもいないところでテストを受けたら、チックがあまり気にならなかったんだ。今度《こんど》は0点じゃないかも！

CHECK POINT

自信や意欲《いよく》をうしなわないよう注意してサポート！

注意欠如・多動症（ADHD）とチックやトゥレット症候群を併発している場合、学習にも支障《ししょう》がでてきます。自信をなくしてしまうだけでなく、「どうせやっても無理」と意欲までうしなってしまうことがあるので、気をつけましょう。

❶はげしい症状が、べんきょうや授業に集中する妨《さまた》げになっていないか。

❷本人が「チックが出るのでは」と不安になり、よけいに緊張したり、プレッシャーを感じたりしていないか。

❸宿題が提出《ていしゅつ》できているか。本人の負担《ふたん》になっていないか。

❹本人が困っていることに大人が気づき、プレッシャーをへらす工夫をしているか。

❺「じっとしていなさい」「集中しなさい」としかったり、注意したりしていないか。

3
宿題を全部やらなくても、いいことにする

えいとさんはチックがたくさん出ているときはつかれやすく、家でも宿題に集中することができないようです。提出期限を遅らせたり、量を少なくしたり、えいとさんのペースで取り組めるようにし、先生は宿題ができなくてもきびしくおこらないようにしました。

「遅れてもいいよ」って言ってもらえたから、休みの日にゆっくりやってみるよ。先生、ありがとう！

⑫ えいとさんの場合

汚《きたな》い言葉《ことば》をくりかえす

ユーモアがあって、楽しいえいとさんなんだけど、ときどき、はめをはずしすぎる。「おしり」「うんこ」とか、女子がいやがるひわいな言葉や下品《げひん》な言葉が好きみたいで、「やめて!」って言っても、しつこくやめないから、みんないやがってる。人がいやがることを言うのは、本当にやめてほしいなぁ。

えいとさんって、おもしろいよね

えいとさんはムードメーカー。お笑い芸人のマネをしたり、ダジャレを言ったり、いつも、みんなを笑わせてくれます。だけど、下品な言葉をくりかえしたり、不謹慎《ふきんしん》なことを言ったり、ついつい、やりすぎてしまうことがあるようです。

下ネタを女の子に言うのは、やめてほしい!

この間《あいだ》も、休み時間、となりの席のちひろさんにむかって、しつこく「おしり」「おしり」って言ってくるのです。ちひろさんが「やめて!」って言うと、いったんはだまるのですが、すぐにまた「おしり」「おしり」って言ってきます。

まわりの人が思うこと

場所《ばしょ》や状況《じょうきょう》をわきまえずに、汚い言葉やNGワードを言うことが多い。少し幼稚《ようち》なところがあるのかな?

「やめて!」って何度《なんど》言っても、しつこくて、やめてくれないの。うんざりしてしまう。

どうして、人がいやがることを言うの？

ちひろさんが真《ま》っ赤《か》な顔をして「やめてってば！」とおこっていたので、心配《しんぱい》したともだちがまわりに集まります。「ちひろちゃんが、いやがってるでしょ」「幼稚園児《ようちえんじ》じゃないんだから、いいかげんにしてよ！」。みんなが抗議《こうぎ》。えいとさんはバツの悪そうな顔をしますが、「うるさい！」と叫《さけ》んで教室を出て行ってしまいました。

「しね」「ぶっころす」も、やめたほうがいいよ

それだけじゃないんです。みんなに注意《ちゅうい》されたのが気にさわったのか、そのあとの授業中《じゅぎょうちゅう》に、「しね」とか「ぶっころす」とか、つぶやいているのです。気づいた先生が「えいとさん。しずかに！」と注意しても、小さな声でずっと「しね」「しね」とつぶやき続けるので、こわくなったちひろさんは泣きだしてしまいました。

言っちゃダメだって、わかっているよね？

そういえば3か月前にあった卒業式《そつぎょうしき》でも、こんなことがありました。6年生が退場《たいじょう》する直前《ちょくぜん》の、しーんとしずまりかえったおごそかな雰囲気《ふんいき》の中、えいとさんがとつぜん「うんこ！」と叫《さけ》んだのです。場ちがいな言葉に会場がざわつき、失笑《しっしょう》がもれます。先生が「しっ！」と注意しましたが、えいとさんは「うんこ！　うんこ！　うんこ！」と連呼《れんこ》。6年生にとって大切《たいせつ》な記念日《きねんび》なのに、妙な空気になってしまいました。

やめるように何度しかっても、言うことを聞いてくれないの。もう4年生なんだから、言っちゃいけない言葉くらいはわかってるわよね？

いつもは楽しいえいとさんなんだけど、ずっと、となりで「しね」「しね」って言っているから、とてもこわかった。

感動的な卒業式だったのに、えいとさんのせいでだいなしだよ。あのタイミングで「うんこ」はないよね……。

⑫ えいとさんの場合

なんでこうなるの?

えいとさんは、どう思っているのかな?

意志《いし》とは関係なく、ポロッと出てしまう

言ってはいけない言葉はわかっているし、みんなにいやな思いをさせたくて、わざとやっているわけじゃないんだ。心の中では「言いたくない」「言っちゃダメ」って思っているのに、自分の意志とは関係なく、言葉がのどの奥からあふれ出て、そのままポロッと出てしまう感じ。

言っちゃダメだと思うほど、言ってしまう

NGな言葉が出てこないよう、いつも気を張っているんだ。最《さい》近《きん》は、「おしり」「うんこ」とか、そういうひわいな言葉が気になって仕方《しかた》がない。「女の子がいやがる」「言っちゃダメ」って意識《いしき》すると、よけいに出てきちゃうらしい。自分《じぶん》ではどうしようもなくて、本当に困ってる。だれかこの衝動《しょうどう》をとめて!

ふざけていたり、いじわるしたりしているんじゃなかったんだね。わざとじゃないって、わかったよ。

自分では言いたくないと思ってるのに、言ってしまうんだ! そんなことって、あるんだね? なにかの病気なのかな?

えいとさんには、こんな特徴《とくちょう》があります。

知っておきたい
チック／トゥレット症候群

NGワードを言うのも、チックの症状《しょうじょう》

ひわいな言葉、汚い言葉、不謹慎な言葉、攻撃的な言葉などを言ってしまうのも、実《じつ》はチックの症状のひとつで汚言症《おげんしょう》（コプロラリア）といいます。10歳ぐらいから多くなるといわれています。

意識すればするほど、言ってしまう

なかでもひわいな言葉は、思春期《ししゅんき》に性的《せいてき》なことに関心をもつようになることもあって、「言ってはいけない」と意識するとかえって言ってしまいます。

衝動をとめられない

とくに注意欠如《ちゅういけつじょ》・多動症《たどうしょう》（ADHD）を併《へい》発《はつ》していると、自分ではブレーキをかけることができず、大声で叫んでしまったり、知らない人に暴言を吐いてしまったり、思いがけずトラブルになるリスクもあるので、注意が必要です。

本人も傷《きず》つき、後悔《こうかい》している

おこられたり、責《せ》められたりすることも多いため、本人も傷つき後悔しています。また、まわりから誤解《ごかい》され、恥《は》ずかしい思いをしていることもあります。

きつくしかってばかりいると、ストレスが強くなるだけで、かえって症状を悪化させてしまいかねません。

暴言《ぼうげん》を吐《は》いたあと、落ちこむ

目の前を歩いて行く知らない人やバスの運転手さんにむかって、「しね！」って言ってしまい、涙をこらえながら逃げ出したこともある。卒業式で「うんこ！」って言っちゃったときも、春休みの間《あいだ》、ずっと「とりかえしがつかないことをやった」と思って、落ちこんだよ。

えいとさんが落ちこんだり、悩んだりしていると思っていなかったの。気づいてあげられなくて、ごめんなさい。

こうすれば、うまくいきそう！

1 本人と相談し、みんなに話す

「わざとじゃない」「いやがらせをしているわけではない」ということをみんなにわかってもらうために、えいとさんと相談したうえで、チックやトゥレット症候群のことをクラスメートに説明《せつめい》しました。

「なんだ。そうだったの？」「早く言ってくれたらよかったのに」って、言ってもらえて、胸のつかえがおりた感じ。

2 NGな発言《はつげん》は、やさしくスルー

注意したり、しかったりすると、えいとさんはよけいにその言葉を意識してしまい、やめられなくなったり、暴言を吐いたり、叫んだりしてしまうようです。なので、NGな発言は、あえてやさしくスルーすることにしました。

言っちゃいけない言葉が、わかっていないわけじゃないし、一人で反省《はんせい》してるから、スルーしてもらえると助かるよ！

CHECK POINT

本人のつらい気持ちを受けとめ、あたたかく見守る！

　チックの中でも、とくに汚言症は、自分ではどうすることもできず、恥ずかしい思いをしたり、自信をなくしたりすることにつながります。本人のつらい気持ちをまわりがくみとり、協力《きょうりょく》しながら、あたたかく見守る環境《かんきょう》をつくりましょう。

❶どんなときにチックが出やすいのか、特徴を把握《はあく》できているか。

❷本人が反省していることをまわりが理解《りかい》できておらず、責めたり、しかったり、注意したりをくりかえしていないか。

❸プレッシャーを与えることで、よけいにNGワードに注目させていないか。

❹本人の気持ちをやわらげることで、症状の悪化を防ぐことができているか。

❺得意なことをやったり、気分転換《きぶんてんかん》できる機会《きかい》を用意《ようい》できているか。

3
ストレスを発散《はっさん》し、体を動かす時間をつくる

えいとさんの場合《ばあい》、緊張しているときにチックが出やすく、体を動かしているときは出にくいようです。できるだけ毎日、スポーツをやる時間をもうけ、休み時間にも体を動かすよう声をかけることにしました。えいとさんはサッカーが得意《とくい》なので、活躍《かつやく》することで、自信《じしん》をとりもどす効果《こうか》もあります。

何かに夢中《むちゅう》になっているときには、ふしぎとNGワードのことが気にならないんだ。サッカーなら、まかしておいて！

3年生　ゆうなさん

- 内気《うちき》で恥《は》ずかしがり屋《や》
- 自己紹介《じこしょうかい》で緊張《きんちょう》してしまう
- 名前がなかなか言えない
- 音読でつまってしまう
- 言葉《ことば》が出ずに泣いてしまう

5年生　ともやさん

- 劇で主役をやるほど活発《かっぱつ》
- インタビューで言葉が出ない
- 質問《しつもん》に答えてくれない
- 気分《きぶん》のムラがはげしい
- あいさつやお礼が言えない

4年生　あおいさん

- おしゃべりで早口
- 何を言っているかわからない
- 好きなことだけ一方的《いっぽうてき》に話す
- 人の質問はスルー
- 声をかけても無視《むし》する

この本に出てくる6人のおともだちの、特徴《とくちょう》を ふりかえってみよう！

5年生　だいちさん

- おかしな動きをする
- 歩き方が、どこか変
- まばたきやせきばらいが多い
- 気になるクセがある
- うなったり、さけんだりする

6年生　かれんさん

- 意味不明《いみふめい》なひとりごとが多い
- たまに、ふしぎな音を発する
- なぜか人のまねをする
- 自分《じぶん》の傷《きず》をさわってしまう
- 髪の毛をぬいたりする

4年生　えいとさん

- 授業中《じゅぎょうちゅう》におちつきがない
- じっとしていられない
- とつぜんキレる
- 人がいやがることを言う
- 下品《げひん》な言葉を叫《さけ》ぶ

第2章
もっと知りたい！
みんなが楽しく すごすために

吃音、早口症、チック、トゥレット症候群とは、
どんな障害なのでしょうか。
どうして、すらすら話せなかったり、
じっとしていられなかったり、変な動きをしたり、
ひとりごとを言ったり、
ふしぎな行動が、目立ってしまうのでしょうか。
理由を知っていれば、みんなが楽しくすごすために、
協力《きょうりょく》し合うことができるはずです。

1 知ってほしい、吃音や早口症（クラタリング）のこと

吃音ってなに？どんな状態なの？

ゆうなさんやともやさんのように、話したくても言葉《ことば》がすらすら出てこない障害を、「吃音（症）」といいます。

大人になってから頭のケガなどで脳《のう》が傷《きず》つき、吃音になることもありますが、ほとんどの場合《ばあい》は2～5歳ごろにはじまります。発達障害《はったつしょうがい》のひとつで、自閉スペクトラム症（ASD）や注意欠如《ちゅういけつじょ》・多動症《たどうしょう》（ADHD）など、ほかの発達障害をあわせもっている人も少なくないことが知られています。

吃音になる原因《げんいん》は？吃音はずっと続くの？

くわしい原因はつきとめられていませんが、脳の中の情報《じょうほう》を伝える部分《ぶぶん》が関係しているといわれていて、心の問題だけでなく、体のしくみの問題と考えられています。「気にしなければなおる」「恥《は》ずかしがり屋《や》さんだから吃音になる」「親の接し方が原因」などというのは、あやまりです。

7～8割が大人になるまでになおるといわれていますが、ずっと続く人もいます。

ほとんどは「あ、あ、あのね」のように、軽いくりかえしからはじまります。個人差《こじんさ》がありますが、最初《さいしょ》のころは本人もあまり気にしていません。けれども吃音が続くと、徐々《じょじょ》に本人も「話しづらさ」を意識《いしき》するようになります。

まわりから「おかしい」と指摘《してき》されたり心配《しんぱい》されたりすることで、「うまく話せないんじゃないか」と不安を感じるようになり、ますます吃音が重くなることがあります。

主な症状《しょうじょう》は、次のとおりです。

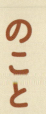

■音をくりかえす（連発《れんぱつ》）
「き・き・きききき・きのうね」
「ぼ・ぼ・ぼ・ぼく」など

■音を引き伸ばす（伸発《しんぱつ》）
「きーーーーのうね」
「ぼぉーーーーく」など

■言葉が出ない（難発《なんぱつ》〈ブロック〉）
「………ぼく」
「………きのうね」など

■体のどこかが動く（随伴運動《ずいはんうんどう》）
まばたき、首をふる、
息を吸う、足ぶみする、など

■早口症（クラタリング）
吃音と似た言葉の繰り返しがあるが、
過度の緊張感はみられない。早口で、
何を言っているのか伝わりづらい

早口症ってなに？ 吃音とはちがうの？

一方、あおいさんのようにすごいスピードで話したり、途《と》中《ちゅう》で話がバラバラになってしまったりして、会話がうまくいかない障害を、早口症（クラタリング）といいます。言葉が出にくいなど、吃音と似た症状もみられます。

吃音の人は、どんなことに困っているの？

本人が吃音を意識しはじめると、うまく話せないことを隠《かく》すようになる場合があります。「えっとー」「あのー」などと前おきをしたり、言いづらい言葉を別の言葉にかえたり、ともやさんのように会話を避《さ》け無口になってしまう人もいます。まわりからは吃音がへっているように見えますが、本人は一人でつらい思いをし、悩んでいるのです。

本人が楽《らく》な気持ちで吃音とうまくつきあっていけるよう、まわりのみんなで応援《おうえん》することが、とても大切《たいせつ》です。「発達障害者支援法」という法律の中では、吃音の人がすごしやすいようにみんなでサポートしていくことが定められています。

② 吃音や早口症のある子が楽しくすごすためには、どんなことが大切《たいせつ》なの？

①からかったり、まねをしたりするのは、ぜったいダメ

吃音や早口症があってもいっしょうけんめい「伝えたい」と思うのはすばらしいことです。それを笑ったりすると、自信《じしん》をなくし、伝える努力《どりょく》をあきらめてしまうことがあります。苦手なことや気にしていることをからかうのは、ぜったいにやってはならないことです。

②本人のペースで話せるように、ゆっくり待つ

吃音の場合、プレッシャーが強いとますます言葉《ことば》につまってしまいますが、すらすら話せなくてもOKと思えれば、楽《らく》に話せるようになるようです。時間がかかっても言葉をさえぎったり、「おちついて」などと言ったりせず、ゆっくり待ち、最後《さいご》まで聞くようにします。

③困っていることがないか聞き、いっしょに考えよう

とくに高学年になると、「声が出にくい」「話しづらい」ことに悩んでいる場合《ばあい》があります。

気になることがあるときは、本人に「困っていることはない？」と声をかけてください。まわりにどんなことで応援《おうえん》してほしいのかは、人それぞれ。「クラスメートに知ってほしい」「ホームルームなどで話してほしい」と思う子も、「あまりそのことにはふれてほしくない」と思っている子もいます。本人や保護者と相談しながら、考えていきましょう。

④ メモやICT《アイシーティー》機器《きき》なども使い、参加《さんか》の機会《きかい》をうばわない

順番《じゅんばん》に音読する場合などは、あらかじめ読むところを伝える、ともだちといっしょに読むなど、読みやすい方法を相談しましょう。人前で発表《はっぴょう》することが得意《とくい》な子もいれば苦手な子もいるので、本人に確認《かくにん》し参加の方法を考えます。

前もって、パスしたいときの合図《あいず》やサインを決めておくようにしましょう。声を出すことがむずかしい場合、紙のメモや、電子メモパッドなどのICT機器も活用しましょう。大切なのはコミュニケーションの手段《しゅだん》を確保《かくほ》し、本人の参加の機会をうばわないことです。

⑤ 吃音とうまくつきあっていけるよう応援しよう

話し方だけに注目し、「じょうずに話せたね」「吃音が出なかったね」などとほめるのは、「すらすら話せないのは、やっぱり、ダメなんだ……」と思わせることになり、逆効果《ぎゃくこうか》です。たとえうまく話せなかったとしても、話した内容《ないよう》をしっかり受けとめ、「話すのは楽しいな」と思える経験《けいけん》を増やしていきましょう。また「ことばの教室」（通級指導教室）に通って、話すことの練習をする子もいます。応援してあげましょう。

3 知ってほしい、チックやトゥレット症候群のこと

チックってなに？　わざとやっているんじゃないの？

自分《じぶん》ではそのつもりがなくても、パチパチまばたきをする、肩をすくめるなど、とつぜんある動作《どうさ》をくりかえしたり、音を出したりしてしまう状態をチックといいます。「運動チック」と「音声チック」があり、自分で動きをとめることがむずかしく、決してわざとではありません。

トゥレット症候群ってなに？　チックとはちがうものなの？

いくつかの運動チックと1つ以上の音声チックが1年以上続く重症《じゅうしょう》のチック障害《しょうがい》が、トゥレット症候群です。チック障害もトゥレット症候群も発達《はったつ》障害のひとつで、自閉スペクトラム症（ＡＳＤ）や注意欠如《ちゅういけつじょ》・多動症《たどうしょう》（ＡＤＨＤ）など、ほかの発達障害をあわせもつ人も少なくありません。

チックとトゥレット症候群の原因《げんいん》は？　なおせるの？

くわしくは不明《ふめい》ですが、脳《のう》のしくみのちがいによるものではと考えられています。5～10人に1人の割合《わりあい》で、チックになりやすいタイプの子がいるようです。ストレスや環境《かんきょう》の変化はきっかけになりますが、それだけが原因ではありません。

子どものころから思春期《ししゅんき》にかけてチックがはげしくなることがありますが、ほとんどの場合《ばあい》は1年以内に消えていきます。多くは大人になるまでにだんだん軽くなっていきますが、良くなったり悪くなったりをくりかえすことや、強いチックがのこることもあります。主な症状《しょうじょう》は、次のとおりです。

■単純《たんじゅん》運動チック
まばたきをする、口をとがらせる、
白目をむく、肩をすくめる、など

■複雑《ふくざつ》運動チック
人や物にさわる、においをかぐ、
ジャンプする、何かをたたく、など

■単純音声チック
せきばらいする、うなる・ほえる、
ふんふんと鼻を鳴らす、など

■複雑音声チック
・「しね」など汚《きたな》い言葉《ことば》を発する
・他の人の言ったことをまねする
・自分の発した言葉をくりかえす

チックはどんなとき出やすい？緊張《きんちょう》すると出てしまうの？

テストのときや運動会の前など、緊張する場面《ばめん》でチックが出やすくなることが知られていますが、一概《いちがい》にはいえません。家でリラックスしているときや、テレビをみているときにチックが出るという人もいます。

チックやトゥレット症候群だとどんなことに困るの？

注意《ちゅうい》されても自分ではどうすることもできないのに、まわりからじろじろ見られたり、「やめなさい！」「うるさい」とおこられたり、「気持ち悪い」と笑われたり、恥《は》ずかしい思いやつらい思いをしています。悪口を言われたり、仲間はずれにされたり、いじめられることもあるようです。

それに、えいとさんのようにべんきょうに集中《しゅうちゅう》できなくなったり、かれんさんのように自分の体を傷《きず》つけてしまったりすることもあります。

チックがあることで、学校でいやな思いをしないようにするためには、先生やクラスメートの協力《きょうりょく》が大切《たいせつ》になります。

4 チックのある子が楽しくすごすためには、どんなことが大切《たいせつ》なの？

①わざとやっているのではない。困っているのは、本人

「やめなさい」「しずかに」などと注意《ちゅうい》しても、本人にはどうすることもできません。チックをしかったり、おこったりしないでください。担任《たんにん》の先生だけでなく、ほかの先生や職員、クラスメート、みんながチックについて理解《りかい》することが必要《ひつよう》です。

②チックを笑ったり、からかったりしない

困っている人のことを笑ったり、悪口を言ったりするのは、とても失礼《しつれい》でいけないことです。チックのことを理解するために、授業《じゅぎょう》で取り上げ、みんなに知ってもらうことは大切ですが、どんなふうに伝えればいいのか、必《かなら》ず本人や保護者と相談してください。

③困ったことがないか、どうすればいいか相談しよう

チックがはげしいと授業に集中《しゅうちゅう》できなかったり、テストを受けられなかったりすることが

あります。学校のルールを守れなかったり、物をこわしてしまったりすることもあります。今、どんなことで困っているのかを本人と話し、対策《たいさく》を考えましょう。

④音声チックがはげしいときは、避難場所《ひなんばしょ》をつくる

朝礼《ちょうれい》やテスト中など、しずかにするべき場面《ばめん》で音声チックが出てしまったときに備えて、あらかじめ保健室やカウンセリングルームなどの避難場所を決めておきます。教室では「まわりの目が気にならない席がいい」という人もいるので、本人の希望を聞いてください。

⑤本人のペースで、べんきょうができるように

チックのため、テストや課題《かだい》に時間がかかることがあります。時間を延長する、放課後《ほうかご》に時間をもうけるなどの対策をとりましょう。宿題《しゅくだい》をすべてやるのがむずかしい場合《ばあい》は、量をへらす、全部《ぜんぶ》やらなくていいことにするなど、本人のペースで取り組めるように考えます。

⑥みんなで応援《おうえん》し、安心《あんしん》できるクラスにしよう！

ストレス、イライラ、不安などが、チックを重くしてしまうことがあります。反対《はんたい》に楽しいこと、夢中《むちゅう》になれることがたくさんあり、気分転換《きぶんてんかん》ができればチックは軽くなります。チックをへらすためには、みんなの協力《きょうりょく》が大切です。たすけあい、応援しあい、安心できるクラスにしていきましょう。

先生・保護者のみなさま・大人の読者の方へ

吃音、早口症、チック、トゥレット症候群のある子どもたちは、学校生活の中で自信をなくし、思うように活動できなくなってしまうことがあります。

とくに高学年になると、人の目を気にしたり、友人関係でトラブルになったり、大人の知らないところで悩みを抱えていることがあります。この本に出てくる6人も、さまざまな場面で人知れず苦労していることがわかってもらえたのではないかと思います。

第2章でも解説しましたが、吃音（医学的には「小児期発症流暢症」「小児期発症流暢障害」）、チック、トゥレット症候群は、「発達障害者支援法」という法律の中で、発達障害のひとつとして支援の対象になっています。また、2016年には「障害者差別解消法」が施行され、学校などでの「合理的配慮」が義務づけられました。学校の中でも、彼らがどんなことで困っているのか、どうすればいいのかを本人と相談しながら、安心して学べる環境を整えていかなければなりません。

まわりが気づかないくらい症状が軽い子もいれば、授業に参加できなかったり、勉強に影響が出たりするぐらい症状が重い子もいて、障害の受けとめ方もそれぞれです。必ず本人・保護者と話をしながら、どうすればいいのかを一緒に考え実行していくことが大切です。

いい方法が見つからないときには、「ことばの教室」「支援団体」「医療機関」「発達障害者支援センター」などのリソースを活用しましょう。きっと、ヒントをくれるはずです。

まわりが理解し、安心できる環境をつくっていけば、子どもたちは勇気をもって、自分の障害とつきあいながら、人生を切り開いていくことができます。みんなで協力して、理不尽ないじめや仲間はずれから守り、応援するサポーターを増やしていくことが、大人の重要な役割なのです。

おわりに

「障害は不便《ふべん》だが、不幸ではない」という言葉《ことば》があります。

想像してみてください。
話したいことがあるのにうまく伝えられなかったり、
わざとじゃないのに体が動いてしまい、やめたいのにやめられなかったり……。
それは、とても不便で、苦しく、つらいことでしょう。

けれども、決して「障害＝不幸」ではないのです。
吃音やチックがあっても、自分《じぶん》が好きなことやわくわくすることをたくさん見つけて、
しあわせに暮らしていくことはできるはず。

生き方・考え方は人それぞれ。だけど、本人が吃音やチックと、
どんなふうにつきあっていくのか考え悩みながら、
自分らしい生き方を選んでいくことは、たやすいことではなく、
たくさんの勇気や、人一倍《ひといちばい》のエネルギーが必要《ひつよう》なことだけは、まちがいありません。

「障害を理解《りかい》すること」「人の痛みを想像すること」は簡単《かんたん》ではありませんが、
勇気を出してがんばっているおともだちを応援《おうえん》することは、だれにでもできます。
みんなでエールをおくりあい、協力《きょうりょく》し合えるクラス・学校になりますように。

参考資料など

『わかって私のハンディキャップ② トゥレット症候群 チックはわざとじゃないんだ』
金生由紀子 監修／マル・レスター 著／上田勢子 訳（大月書店）

『わかって私のハンディキャップ④ 吃音 言葉がすらすらでないんだ』
廣嶌忍 監修／スー・コトレル 著／上田勢子 訳（大月書店）

『志乃ちゃんは自分の名前が言えない』
押見修造 著（太田出版）

『どもる体』
伊藤亜紗 著（医学書院）

『吃音啓発リーフレット（学齢期・思春期用）』
山崎和子 監修（広島市言語・難聴児育成会 きつおん親子カフェ リーフレット制作チーム）

『チックとトゥレット症候群がよくわかる本』
星加明徳 監修（講談社）

『吃音のこと、わかってください』
北川敬一 著（岩崎書店）

『子ども・大人の発達障害診療ハンドブック 年代別にみる症例と発達障害データ集』
内山登紀夫 編（中山書店）

『クラタリング［早口言語症］ 特徴・診断・治療の最新知見』
イヴォンヌ・ヴァンザーレン イザベラ・K・レイチェル 著／森浩一 宮本昌子 監訳（学苑社）

監修者紹介

藤野博（ふじの　ひろし）

東京学芸大学教授、教職大学院教育実践創成講座に所属。東北大学大学院教育学研究科博士前期課程修了。博士（教育学）。言語聴覚士。臨床発達心理士。専門はコミュニケーション障害学、臨床発達心理学。主な著書に、『自閉スペクトラム バディ・システムスタートブック』（学苑社／共編著）、『コミュニケーション発達の理論と支援』『発達障害のある子の社会性とコミュニケーションの支援』（いずれも金子書房／編著）、『学童期の支援 特別支援教育をふまえて』（ミネルヴァ書房／共編著）、『発達障害の子の立ち直り力「レジリエンス」を育てる本』『発達障害の子の「会話力」を楽しく育てる本』（いずれも講談社／監修）、『絵でわかる なぜなぜ会話ルールブック』（合同出版／共著）などがある。

デ ザ イ ン　大野ユウジ（co2design）
イ ラ ス ト　藤井昌子
D　T　P　レオプロダクト
編 集 協 力　尾崎ミオ（TIGRE）
取 材 協 力　青木英幸
企 画 編 集　SIXEEDS

あの子の発達障害がわかる本④
ちょっとふしぎ
吃音・チック・トゥレット症候群の
おともだち

2019年6月30日　初版第1刷発行　〈検印省略〉
定価はカバーに
表示しています

監 修 者　藤　野　　博
発 行 者　杉　田　啓　三
印 刷 者　森　元　勝　夫

発行所　株式会社　ミネルヴァ書房
607-8494 京都市山科区日ノ岡堤谷町1
電話 075-581-5191／振替 01020-0-8076

モリモト印刷

ISBN978-4-623-08510-1
Printed in Japan